Heinrich von Bülow

Geschichte der feindlichen Landungen in England

insbesondere der Römer, Dänen, Deutschen, Spanier, Holländer und Franzosen

Heinrich von Bülow

Geschichte der feindlichen Landungen in England

insbesondere der Römer, Dänen, Deutschen, Spanier, Holländer und Franzosen

ISBN/EAN: 9783742886019

Hergestellt in Europa, USA, Kanada, Australien, Japan

Cover: Foto ©ninafisch / pixelio.de

Manufactured and distributed by brebook publishing software
(www.brebook.com)

Heinrich von Bülow

Geschichte der feindlichen Landungen in England

Geschichte

der

feindlichen Landungen

in

England,

namentlich der Römer, Deutschen, Dänen, Normänner, Spanier, Holländer und Franzosen.

Frankfurt a. d. Oder, 1798.
In der Akademischen Buchhandlung.

Unter allen Staaten in Europa hat in Hin=
sicht auf auswärtige Sicherheit keiner so große
Vortheile, als England, das, als eine Insel, an
den Meeren, womit es umgeben ist, nach allen
Seiten eine Schutzwehr findet, die einem aus=
wärtigen Feinde, der auf dasselbe einen Angriff
wagen will, mehr als gewöhnliche Hindernisse in
den Weg legt. Nur eine Seemacht ist im Stan=
de, dieses Land feindlich anzugreifen, und wenn
sie gleich alles besitzt, was Stärke und Kunst zur
Ausführung einer Landung verschaffen können:
so bleibt doch das Unternehmen allemal dem
Spiel des Glücks, mehr als ein Krieg der Land=
mächte, unterworfen? Stürme, die einem Heere
auf dem festen Lande ganz unschädlich bleiben,
haben zu Zeiten die furchtbarste feindliche Flotte

vernichtet, und ohne Gegenwehr das Vorhaben einer Landung vereitelt. Gelingt es aber auch dem Feinde, die Englischen Küsten, frey von dieser Gefahr, zu erreichen: so stellen sich ihm bey der Landung Schwierigkeiten entgegen, die nicht geringer, als diejenigen sind, welche die Belagerer bey dem Angriffe auf eine Festung antreffen, wofern er nicht so glücklich ist, einen Landungsplatz zu finden, der ohne Vertheidigungsanstalten geblieben ist. Unterdeß die Einwohner des Landes in ihren Verschanzungen sich gedeckt sehen, und zur Gegenwehr alle Vortheile auf ihrer Seite haben, hat der Feind nur wenige und schwache Mittel zum Angriff, so wie zur Vertheidigung. Wenn aber vollends die Einwohner des Landes dem Feinde eine Flotte entgegen setzen können: so kann eine Landung fast unmöglich gemacht, und diesem, entweder bey dem Angriffe oder Rückzuge, sein Untergang gar leicht zubereitet werden.

Wenn England eine Seemacht besitzt, die der feindlichen die Spitze bieten kann: so hat es überdies den großen Vortheil, den Schauplatz des Krieges leicht von dem Lande ganz abhalten,

und den Kampf mit seinem Gegner auf dem
Meere ausmachen zu können, wo die Wuth des
Streits seine verwüstenden Spuren nicht zurück-
läßt, wo keine Saaten und Waldungen zu Grunde gerichtet, keine Dörfer und Städte verbrannt,
keine wehrlose Familien durch Marodeurs ange-
fallen und geplündert, und keine Gewerbe durch
Märsche der Truppen gestört und beunruhigt
werden. Zu einer Zeit, da England den ange-
strengtesten Krieg führt, und da es in allen
Weltgegenden gegen seinen Gegner kämpft, lebt
der Einwohner dieses Landes in größter Ruhe.
Die Gräuelscenen, wovon das feste Land zur Zeit
eines Krieges voll ist, bleiben ihm auf dieser Insel ganz unbekannt; er kennt nicht das Schrecken
der Flucht, nicht die Bedrückungen der Einquar-
tierung und Brandschatzung, nicht die Last der
Kriegsfuhren und Lieferungen, nicht die Noth
eines Bombardements, und das Unglück einer
Plünderung und Mordbrennerey. In völliger
Sicherheit verfolgt der Landmann und der Städ-
ter sein Gewerbe, unbekümmert um den großen
Kampf, der über das politische Schicksal seines
Landes entscheidet. Man liefert dazu blos Mann-

schaft und Geld, womit die Regierung auf dem
Meere, einem dem Lande ganz unschädlichen
Kampfplatze, die Streitsache mit dem Feinde
ausmacht.

Eine so ganz eigenthümliche und glückliche
Lage gehört unstreitig mit zu den Ursachen, die
Englands Flor bewirkt haben. Dort erfahren
die Gewerbe keine solche Unterbrechungen, und
das Land keine solche Verwüstungen, dergleichen die Landkriege nach sich ziehen, und die zuweilen auf ganze Generationen einem Lande tiefe
Wunden schlagen. In ungestörter Ordnung können die Zweige der Indüstrie fortrücken und aufblühen, und der Anbau der Dörfer und Städte,
so wie die Gründung gemeinnütziger Anlagen ihren vollen Bestand behalten; unterdeß sie auf
dem festen Lande durch verheerende Kriege oft
schon wieder zerstört werden, nachdem sie kaum
zu existiren angefangen haben. Glücklich würde
daher Europa seyn, wenn es alle seine Streitsachen zur See ausmachen könnte, um die Werke
seines Fleißes auf dem Lande vor der Zerstörung,
so wie die Ruhe der wehrlosen Familien gegen
Bedrückung, Plünderung und Elend zu sichern.

England, dem dieses Glück zu Theil wird, bleibt indeß nicht ganz von der Gefahr, die Wirkung von den Verheerungen des Kriegs zu empfinden, frey. Trotz des großen Bollwerks, das Natur und Kunst um diese glückliche Insel geschaffen haben, wußte dennoch ein kühner Feind die Küsten derselben mehr als einmal zu ersteigen, und die Engländer in einem Landkriege zu bekämpfen, wenn diese aus Mangel der Vorsicht oder aus Unkunde unfähig, oder durch innere Zwietracht unvermögend waren, die Vortheile der natürlichen Vertheidigung gegen den Feind zu benutzen. Unter solchen Umständen ist es schon mehrern Nationen gelungen, in England eine glückliche Landung zu versuchen, und alsdann ist es ihnen nicht schwer geworden, diese Insel selbst zu erobern.

In den großen Hindernissen, die eine feindliche Landung an der natürlichen Lage der Umstände und an der entgegengesetzten Seemacht findet, bestand immer die vorzügliche Schutzwehr für England. Wenn diese überstiegen war, so konnte der Feind gewöhnlich ohne großen Widerstand in das Land eindringen, weil es durch kei-

ne Festungen gedeckt ist, und die Einwohner des
Landes mit dem Landkriege zu unbekannt sind.
Der Vortheil ist alsdann auf Seiten der Land=
macht, die mit dem Vorzuge der Tapferkeit die
Kunst des Kriegs zu vereinigen weiß. Eine Lan=
dung des Feindes in England hat daher gemei=
niglich über das Schicksal desselben entschieden,
und der Versuch der Landung, so wie die Gegen=
wehr der Einwohner, ist zugleich allemal ein Ge=
genstand von vorzüglicher Wichtigkeit gewesen.
Nie aber konnte das Vorhaben einer feindlichen
Landung auf dieser Insel größere Aufmerksamkeit
auf sich ziehen, als gegenwärtig, da es selbst ge=
gen die politische Existenz eines für Europa und
die ganze Welt merkwürdigen Staats gerichtet,
und mit so außerordentlichen Umständen und
Anstrengungen begleitet ist. Es läßt sich daher
erwarten, daß man die Geschichte der merkwür=
digen Landungen, welche von auswärtigen Fein=
den bisher an England versucht worden, in der
Kürze vorgestellt, nicht ohne Interesse lesen
werde. *)

*) Soweit die Geschichte Hume's von England geht, ist
diese hier vorzüglich benutzt worden.

Landungen sind in England schon früh und von mehrern Ländern aus versucht worden. Die Römer waren die ersten, welche sie wagten. Ihnen folgten die Deutschen, Dänen und Normänner, die Holländer, die Spanier und die Franzosen. Die Angriffe sind solchergestalt von allen Punkten aus, von den Dänischen Küsten an bis zu den Spanischen, und am allermeisten von Frankreich aus versucht worden. Auch sind die Landungen von Dänemark, Deutschland, Holland und Frankreich, aber nicht von Spanien aus, glücklich gewesen. Merkwürdig ist es, daß die meisten dieser Landungen eine Eroberung zum Zweck hatten, und daß diese fast alle gelungen sind; daß aber die übrigen, die aus Rachbegierde unternommen worden, fast gar keinen Erfolg gehabt haben, und wohl selbst zum Verderben des Feindes, der sie versuchte, ausgeschlagen sind.

I. Landung der Römer.

Die erste von den feindlichen Landungen in England geschah von den Französischen Küsten aus,

unter der Anführung eines großen Feldherrn aus
Italien, den man oft mit dem Helden verglichen
hat, welcher, nach erworbenen Lorbeern in Italien,
die neueste der Landungen von den Französischen
Küsten dirigiren wird. So ähnlich sich aber beide an Größe und Ruhm sind: so verschieden
waren doch die Umstände, unter denen von dem
erstern die älteste der Landungen erfolgte, und von
dem letztern die jüngste noch ausgeführt werden soll.
Julius Cäsar hatte bey seinem Unternehmen nur
einen geringen Widerstand zu besorgen. Weder
eine Flotte der Britten hemmte seine Ueberfahrt,
noch hielt ein gefährlicher Widerstand ihn von
der Landung ab. Es fehlte den Einwohnern des
Landes noch ganz an der Kunst, die Vortheile
ihrer Insel zu ihrer Vertheidigung gegen auswärtige Feinde zu benutzen. Es war daher kein
Wunder, wenn der Römische General das Vorhaben der Landung (55 Jahr vor der christlichen
Zeitrechnung) glücklich ausführte. Er landete,
wie man glaubt, bey Deal, an den Küsten
von Kent, und nöthigte die Britten, nach verschiedenen über sie erfochtenen Vortheilen, zur
Unterwerfung. Sie suchten zwar seine Abwe-

senheit zu benutzen, um das aufgelegte Joch abzuschütteln, und formirten eine Macht, mit der sie ihm zu widerstehen hoften; allein Cäsar, der, um sie wegen ihres Abfalls zu züchtigen, im folgenden Sommer mit mehrern Truppen nach England kam, siegte allenthalben über sie, drang noch tiefer, als vorher, in das Land, und zwang die Einwohner, sich ihm zu ergeben. Er setzte sich aber nicht im Lande fest, daher nach seinem Abzuge die Britten ihre Freyheit wieder erhielten, und beynahe ein Jahrhundert behaupteten, weil die innere Unruhen in dem Römischen Reiche, und nach deren Endigung, die von der Römischen Regierung angenommene Maxime, die Gränze des Reichs mehr zu erhalten, als zu erweitern, an die Eroberung Brittanniens zu denken nicht erlaubten.

Erst unter dem Kaiser Claudius fing man an, auf den Plan Cäsars zurückzukommen. Man griff (43 nach Chr. Geb.) England von neuem an, und bezwang ein Volk nach dem andern, obgleich die Nation sich zuweilen mit Erfolg gegen den auswärtigen Eroberer vertheidigte. Unter den Kaisern Vespasian, Titus und Domitian,

vollendete endlich der Römische General Julius
Agricola die Eroberung des Landes. Von dieser
Zeit an wurde es, bis auf den Fall des Römischen Reichs, eine dauerhafte Besitzung desselben,
und als eine Provinz ganz auf Römischen Fuß
gesetzt.

II. Landung der Deutschen.

Den Römern folgten in der Herrschaft über England die Deutschen, die aber anfangs nicht als
Feinde, sondern als Freunde und Bundsgenossen
der Britten nach England kamen; daher auch
ihre Ueberfahrt nach dieser Insel in der Geschichte der feindlichen Landungen keinen Platz
einnehmen dürfte, wenn nicht ihre nachherigen
Fahrten dahin in feindlicher Absicht angestellt
worden wären.

Als die Britten, nachdem sie von den Römern ihrem eigenen Schicksale in einem Zustande der Wehrlosigkeit überlassen worden, die An-

griffe und Räubereyen der Barbaren vom Norden aus nicht abzuwehren vermochten, so luden
sie die Sachsen, ein mächtiges Volk im nördlichen Deutschlande, ein, ihnen gegen ihre Feinde
zu Hülfe zu kommen. Ein Theil der Sachsen
nahm die Einladung an, und landete, an der
Zahl 1600, in drey Fahrzeugen, unter der Anführung ihrer Häupter Hengst und Horst, eben-
falls an den Küsten von Kent, auf der Insel
Thanet (450 nach Chr. Geb.)

Die Deutschen leisteten den Britten die erwartete Hülfe mit dem glücklichsten Erfolge.
Kaum aber hatten sie die Schwäche der letztern
kennen gelernt, als sie den Entschluß faßten, sich
das Land, dessen Vertheidiger sie seyn sollten,
selbst zu unterwerfen. Sie ließen zu dem Ende
aus ihrem Vaterlande neue Verstärkung kommen, und mit Hülfe derselben, die aus 5000, in
siebenzehn Schiffen angekommenen Sachsen bestand, fingen sie an, ihr Vorhaben auszuführen.
Die Landeseingebohrnen, durch diese Unterdrü-
ckung aufgebracht, versuchten es, die Absicht der
Deutschen, aber vergebens, zu vereiteln. Sie
müßten sich unter das Joch dieser Ausländer

ſchmiegen, die nun in neuen Haufen aus Deutſch-
land nach England kamen, um ſich dort nieder-
zulaſſen, und nach einander ſieben kleine Reiche
gründeten, die gegen den Anfang des neunten
Jahrhunderts durch Vereinigung ein einziges
Reich formirten. Wie wenig Schwierigkeit die
Deutſchen bey ihren Landungen in England gefunden, iſt hieraus von ſelbſt abzunehmen. Da ſie
als Freunde nach dieſem Lande, auf Einladung
der Einwohner, kamen, ſo war ihnen bey der
Landung auf demſelben nicht das geringſte Hinderniß im Wege; und eben ſo wenig ſtieß ihnen
ein ſolches auf, als ſie in der Folge die Britten
feindſelig zu behandeln, und Verſtärkung nach-
kommen zu laſſen anfingen.

III. Landung der Dänen.

Die Dänen faßten auf England einen gleichen
Anſchlag, als vor ihnen die Sachſen. Sie ſuch-
ten, gleich dieſen, ſich die Schwäche der Einwoh-

ner dieses Landes zu -Nutze zu machen, um sich
den Besitz davon zu verschaffen; und sie erreich-
ten den Endzweck der Eroberung mit einem gleichen Glücke. Sie hatten aber zu einer Landung
nicht eine gleiche Veranlassung. Sie kamen lange nur als Seeräuber dahin, ehe sie sich festzu-
setzen entschlossen.

Zweyhundert Jahre hindurch, vom Ausgange des achten Jahrhunderts an, waren die Küsten von England den Landungen der Dänen
ausgesetzt, als diese unter dem Namen der Normänner, vom Raube zur See lebten. Sie erschienen an denselben zum erstenmal 787, in geringer Anzahl, mehr um das Land erst auszuspä-
hen, als es anzufallen. Da sie merkten, daß sie
ihre Landungen daselbst mit Erfolg würden versuchen können, so wiederholten sie solche in den
folgenden Jahren in größerer Anzahl und an
verschiedenen Stellen. Sie kamen zuletzt alle
Jahre regelmäßig. Keine Gegend blieb vor ihren Angriffen und Plünderungen sicher.

Sie kamen auf kleinen Schiffen, mit denen
sie leicht durch die Buchten und Flüsse durchkom-
men konnten. Die Anzahl der Schiffe, womit

sie landeten, belief sich im Jahr 833 auf 35,
und nicht größer pflegte sie in den nächsten fol=
genden Jahren zu seyn. Wo sie landeten, zogen
sie ihre Schiffe an's Ufer, und bildeten eine Be=
deckung um selbige, die von einem Theile der
Mannschaft bewacht wurde, unterdeß die übrigen
in das Land auf Raub ausgingen.

Die Engländer befanden sich damals in
einem Zustande großer Wehrlosigkeit; es fehlte
ihnen nicht allein an einer Flotte, um den Feind
von der Landung abzuhalten, und an festen Plä=
ßen an den Küsten, um ihnen solche zu erschwe=
ren, sondern sie besaßen auch nicht die Kriegs=
verfassung, die zu ihrer Vertheidigung gegen den
Angriff auf dem Lande hinlänglich war. Den
Dänen wurde es daher leicht, eben so wohl zu
landen, als zu rauben, und nur selten erfuhren
sie einen Widerstand, der sie aufhalten konnte.
Durch den guten Erfolg aufgemuntert, verstärk=
ten sie ihre Macht, um ihre Räubereyen tiefer
in das Land zu treiben.

Im Jahr 851 zeigten sie sich in England
in einer weit größeren Anzahl als vorhin; und
ungeachtet sie diesmal nicht blos zu Lande, son=

dern

dern auch zu Wasser von den Engländern einen
unerwarteten Widerstand fanden: so blieb doch
ein Theil von ihnen den Winter über in England, auf der Insel Thanet, welches der erste
Versuch war, den sie in dieser Art machten. Im
folgenden Frühjahre kamen 350 Fahrzeuge zu ihrer Verstärkung aus Dänemark. Bey dem Ein-
falle, den sie mit dieser Macht wagten, verbrann-
ten sie die Städte London und Canterbury. Im
nächsten Winter blieben sie auf der Insel She-
pey. Sie fuhren auf diese Weise in den folgenden Jahren fort, ihre Raubsucht in England
auszuüben, bis die Regierung in diesem Lande
unter dem König Alfred eine Energie erhielt,
die im Stande war, die Einbrüche dieser Feinde
aufzuhalten, nachdem bereits ihre Gefahr auf
das höchste gestiegen gewesen war. Der König
selbst hatte eine Zeitlang in der Verborgenheit
seine Zuflucht suchen müssen. Aus dieser mischte
er sich, ungekannt, als Harfenspieler unter die
Feinde, um ihre Lage und Stärke zu erforschen;
und nachdem er sich hinlänglich unterrichtet, überfiel er sie mit einem in der Stille gesammelten
Heere, und gewann über sie solche Vortheile, die

das Land auf eine lange Zeit seiner Regierung
vor den Einfällen dieser Feinde sicherten.

Durch ihn erhielt nun England die Sicher=
heitsanstalten, welche die Zeitumstände erforder=
ten und die Lage des Landes erlaubte. Er stif=
tete eine Militär=Einrichtung, zur Deckung des
Landes, indem er einen jeden Mann bewafnete,
und in einer gewissen Ordnung dienen ließ; an
schicklichen Plätzen legte er Festungen an, und
versah sie mit Garnisonen. Zur Zeit eines feind=
lichen Einfalls mußte sich ein Theil der Mann=
schaft auf bestimmten Sammelplätzen einfinden,
unterdeß die übrigen fortfuhren, das Land zu
bestellen.

Seine Vorsorge für die öffentliche Sicher=
heit ging aber noch weiter. Er bauete eine Flot=
te von 120 bewafneten Schiffen, die längs den
Küsten hin gestellt waren, um sie zu bewachen;
eine heilsame Maaßregel, welche die Engländer
bisher zu sehr vernachlässigt hatten. Sie setzte
den König in den Stand, die Landung der Fein=
de selbst zu verhüten, oder den Fortgang des ge=
machten Versuchs zu vereiteln.

So lange die Dänen in geringer Anzahl

die Englischen Küsten zu beunruhigen wagten,
gelang es dem Könige, mit seiner Land = und
Seemacht allemal die Oberhand zu behaupten.
Nur im Jahr 893, als unter der Anführung
Hastings die Dänen sich mit ihren Streifzügen
von den bisher verwüsteten Französischen Küsten
nach den Englischen zu wenden anfingen, kam
das Land abermals in eine große Gefahr. Mit
330 Segeln erschienen die Dänen an den Küsten
von Kent, liefen den Rotherfluß und die Themse
hinauf, und bemächtigten sich der festen Plätze
Apuldore und Milton, von wo aus sie ihre Räu=
bereyen und Verheerungen ausübten. Ungeachtet
ihnen Alfred nachdrücklichen Widerstand that: so
konnte er doch nicht verhindern, daß sich die Dä=
nen von Milton nach Bamflete zogen, in der
Nähe der Insel Canvey, und ihre Landsleute,
die in Northumberland unter des Königs Schu=
tze sich angesiedelt hatten, zu einem Aufstande
reizten. Diese begaben sich auf 240 Schiffen nach
Exeter im westlichen England. Alfred siegte in=
deß über alle seine Feinde, und nöthigte sie, das
Land zu verlassen. Ein Haufe derselben, der
noch zur See Räuberey zu treiben fortfuhr, ver=

suchte es zwar abermals mit Schiffen von einer
neuen und größeren Bauart, als die Englischen
waren, die Flotte Alfreds anzugreifen, aber auch
diesen Plan wußte der König bald dadurch zu
vereiteln, daß er gleichfalls neue Schiffe, die die
feindlichen an Größe übertrafen, bauen ließ, die
auch ihre Wirkung nicht verfehlten.

Fast ein ganzes Jahrhundert blieb seitdem
England von den Landungen der Dänen verschont, die unterdeß, da sie durch den Nachdruck
des Widerstandes von diesem Lande abgehalten
wurden, sich mit ihren Raubzügen desto eifriger
gegen Frankreich wandten, wo sie sich auch in
der Normandie eine Niederlassung verschaften.
Die Umstände hatten sich inzwischen geändert.
Sie fanden hier keine weitere Aussicht zu einem
Etablissement, und suchten daher wieder ihre Absicht in England zu erreichen, wo auch die damalige Schwäche der Regierung einen günstigen
Erfolg des Angriffs hoffen ließ. Sie machten
während der Regierung Ethelreds erst kleine
Versuche einer Landung; im Jahre 981 mit sieben Schiffen bey Southampton. Einen gleichen
Versuch machten sie sechs Jahr nachher auf der

weſtlichen Seite. Nun unternahmen ſie, durch
den Erfolg dieſer Verſuche aufgemuntert, unter
zwey Anführern eine Landung mit einer beträchtlichen Macht in Eſſex. Ihre Erwartung wurde
nicht getäuſcht. Schwäche der Regierung und
Verrätherey eines Statthalters begünſtigte ihre
Plane. So geſunken war die Kraft der Engländer, daß ſie ihre Zuflucht zum Gelde nahmen,
um ſich damit vom Feinde loszukaufen. Der König bezahlte ihnen ein Löſegeld von 10,000 Pfund
Sterling, munterte ſie aber natürlich eben dadurch auf, ihre Landungen zu wiederholen. Schon
im folgenden Jahre erſchienen ſie von neuem an
den öſtlichen Küſten. Doch erwachte der Geiſt
der Engländer wieder, der ſie ſonſt zum Wider=
ſtande beſeelt hatte, da ſie das Gefährliche des
gebrauchten Mittels eingeſehen hatten. Sie be-
ſchloſſen einen Widerſtand auch durch eine Flotte, die ſie bey London verſammlen wollten, aber
der mächtige und verrätheriſche Statthalter in
Mercle, der von dem Vorhaben dem Feinde
Nachricht gab, vereitelte die Wirkung dieſes Ent-
ſchluſſes.

Da nun den Dänen kein Hinderniß gegen

ihr Vorhaben im Wege zu stehen schien; so gingen sie unter der Anführung ihres Königs,
Sweyn, mit den Norwegern, die ihr König Ola-
ve anführte, den Humberfluß hinauf, und ver-
breiteten von da aus ihre Verheerungen. Die
Einwohner von Northumberland, größtentheils
Dänen, sahen sich genöthigt, sich an die Feinde
anzuschließen, oder ihre Räubereyen zu dulden.
Der Widerstand, den ihnen die zusammengezoge-
ne Englische Armee zu thun suchte, war vergeb-
lich, woran die Feigheit oder die Verrätherey ihrer
Anführer, Männer von Dänischer Abkunft,
Schuld war.

Durch diesen Erfolg angefeuert, drangen die
Dänen in das Innere von England ein; mit
vierundneunzig Schiffen fuhren sie die Themse
hinauf, und versuchten es, London einzunehmen.
Sie fanden aber an den Einwohnern in der
Stadt einen so tapfern Widerstand, daß sie un-
verrichteter Sache abziehen mußten. Nun übten
sie gleichsam Rache in Essex, Sussex und Ham-
pshire aus, und breiteten sich, als sie Pferde erhalten hatten, noch tiefer in das Land aus. Der
König (Ethelred) wußte kein anderes Rettungs-

mittel, als die Loskaufung mit 16,000 Pfund,
gegen deren Empfang sich die beiden Könige zum
Abzuge, mit dem Versprechen, das Land künftig
verschont zu lassen, bewegen ließen.

Durch diese Abkaufung verschafte man sich
in England nur auf eine kurze Zeit Ruhe. Die
Dänischen Seeräuber ließen sich bald wieder an
den Küsten 997 sehen, sie fuhren in die Saver-
ne, die Tamar, den Bristol Canal, die Themse
und Medwoy hinauf, um in Wallis, Devonshi-
re, Cornwallis, Dorsetshire und Kent zu plün-
dern. Sie belagerten Rochester, und schlugen
die Bewohner von Kent in einer Schlacht. Die
Englische Nation, die durch die Schwäche des
Königs, die Uneinigkeit des Adels, außerdem
durch Verrätherey oder Feigheit litt, und nir-
gends nachdrücklichen Widerstand that, ergrif
wieder das gefährliche Mittel der Loskaufung,
die aber immer größere Summen erforderte.
Diesmal mußte man den Dänen für ihren Abzug
24,000 Pfund zahlen.

Der König Ethelred suchte nun in einer
Familienverbindung mit dem Dänischen Herzoge
in der Normandie die Freundschaft dieser Na-

tion zu gewinneu. Er verlor aber den Vortheil,
den ihm diese hoffen ließ, sehr bald durch die
Ermordung der Dänischen Truppen, die er in
seinen Sold genommen hatte, um mit ihnen das
Land zu beschützen, die aber dasselbe mehr plag-
ten und verriethen, als schützten. Diese That
b »b von den Dänen nicht ungerächt. Sie setzten, als sie solche erfuhren, in zahlreicher Menge
nach England über, und zwangen die Engländer
(im J. 1007), nachdem sie im Lande viele Verwüstungen angerichtet, ihnen für ihren Abzug
30,000 Pfund zu bezahlen.

Da man die Rückkehr der Dänen in Kurzem befürchten mußte: so suchte man gegen ihre
Angriffe Vorkehrungen zu machen. Man formirte eine Land- und eine Seemacht, die aber
ihre Wirkung ganz verfehlte, als die Dänen wieder kamen. Verrätherey und Sturm entrissen
ihnen den Gewinn, den man von der Flotte erwartete; das Land wurde ganz ein Raub der
Feinde, denen man noch bey ihrem Abzuge 48,000
Pfund zahlen mußte.

Nach einer kurzen Zwischenzeit erschienen
die Dänen (im J. 1011) von neuem, und er-

preßten allein von der Provinz Kent 8000 Pfund.

Der Adel in England fand jetzt keine andere Rettung, als die Unterwerfung; er schwor dem Dänischen König die Treue. Ethelred, der sich nun in England nicht mehr sicher glaubte, suchte mit seiner Familie einen Zufluchtsort bey seinem Schwiegervater in der Normandie (im J. 1013.) Zwar kehrte er bald auf die Einladung der Großen nach England zurück, als der Dänische König Sweyn, noch ehe er sich der Regierung des Landes recht bemächtigen können, mit Tode abgegangen war. Allein in Sweyns Sohne, Canut, fand der König einen eben so gefährlichen Gegner, als an seinem Vater. Canut beunruhigte ganz England durch seine Raubzüge. Nur Edmond, der seinem Vater Ethelred folgte, hielt noch durch seine Tapferkeit den Fall des Reichs auf. Nach einer großen Anstrengung vereinigte er sich mit Canut, mit diesem das Königreich zu theilen. Dem Letztern wurden die von ihm eroberten nördlichen Provinzen Mercia, Ostangeln und Northumberland überlassen. Edmond, der das südliche England behielt, ver-

lor bald nachher in einem Meuchelmorde sein
Leben.

Nun blieb für das noch freye England keine andere Wahl, als Unterwerfung unter das
Joch der Dänen. Canut bemächtigte sich der
Regierung, und entfernte die beiden minderjähri-
gen Söhne Edmonds aus England, indem er
sie dem Könige von Schweden in Verwahrung
gab, der sie aber an den König Salomon in Un-
garn schickte. Von der Königlichen Familie hatte indeß Canut noch die Prinzen Ethelreds, die
in der Normandie waren, zu fürchten. Der Herzog der Normandie machte auch Anstalt, sie
nach England zurückzuführen, allein ein Sturm
vereitelte die Ueberfahrt der dazu bestimmten
Flotte, und Canut wußte hiernächst durch eine
Heirath mit Ethelreds Wittwe, des Herzogs
Tochter, sich selbst die Freundschaft desselben zu
verschaffen, und seine Regierung den Engländern
weniger verhaßt zu machen.

Ihm folgen noch seine beiden Söhne; nach
deren Absterben bemächtigte sich die alte, ver-

drängte Königliche Familie der Regierung
wieder.

IV. Landung der Normänner.

Die Landung der Normänner in England kann
als eine Fortsetzung der Dänischen angesehen
werden, indem sie von den Dänen oder Nor-
männern, die sich in dem von ihnen benannten
Lande in Frankreich niedergelassen hatten, unternommen worden. Den ersten aber nicht gelun-
genen Versuch einer Landung hatte Richard,
Herzog der Normandie, vor, als er Canut zu
stürzen, und die Englischen Prinzen Alfred und
Edward auf den Englischen Thron zu setzen
suchte. Er machte dazu starke Zurüstungen, aber
ein Sturm vereitelte die Ausführung des Plans.
Die zweyte Landung unter Wilhelm war
glücklicher. Sie zeichnete sich von den bisherigen Landungen der Römer, Sachsen und Dä-

nen auf mehr als eine Weise aus. Sie ward
durch einen Anspruch von Prinzen aus Normän=
nischem Geblüt auf die Englische Krone veran=
laßt, und unter Umständen unternommen, die
eben sowohl durch die Größe des Widerstandes,
als des Angriffs merkwürdig wurden. Damals,
als sie erfolgte, hatte der Englische Staat be=
reits, durch Vereinigung der kleinen Angelsächsi=
schen Reiche eine gewisse Stärke und durch For=
mirung einer ordentlichen Regierung eine hin=
längliche Festigkeit erhalten. Im Lande gab es
eine militärische Macht, die dasselbe gegen einen
auswärtigen Feind nachdrücklich vertheidigen
konnte, und die Küsten wurden bereits durch
eine Flotte gedeckt. Eine Landung war daher
schon mit vieler Gefahr verknüpft, und das Un=
ternehmen derselben verrieth allemal einen sehr
kühnen Entschluß.

Wilhelm, Herzog von der Normandie, un=
ternahm sie unter solchen Umständen im eilften
Jahrhundert (1066) als sich Harald, nach Ab=
gang der Angelsächsischen Könige, der Krone von
England, auf die der Herzog Ansprüche formirte,
bemächtigt hatte. Nachdem Wilhelm seine Rechte

dem Harald vergebens vorstellen laffen, faßte er
bey geringern Kräften, den Entschluß zu einer
Landung in England. So gewagt das Unternehmen war: so rechnete er doch auf die Wirkung des funfzigjährigen Ruheftandes, in dem
sich seit der Dänischen Herrschaft England be-
funden hatte, auf den Mangel der Festungen im
Lande, wobey, nach einer glücklichen Schlacht,
dieses dem Sieger ganz offen stand, auf die Un-
sicherheit des Besitzes der Krone, die der König
durch Faktion an sich geriffen hatte, selbst auf
den Eindruck, den die Kühnheit seines Unternehmens bey den feindlichen Truppen, so wie bey
seinen eigenen, auf ungleiche Art hervorbringen
mußte; außerdem verstärkten die gewagten Unternehmungen, welche in jenen Zeiten von Nor-
männern mit glücklichem Erfolge ausgeführt wurden, die gefaßten Hofnungen des Herzogs.

Es zeigten sich ihm aber gegen die Ausführung seines gefahrvollen Entwurfs nicht geringe
Hinderniffe und Bedenklichkeiten. Seine eigene
Macht reichte nicht hin, um auswärts einen
großen Krieg gegen eine große Nation zu führen,
und zugleich sein Land gegen die inzwischen zu

beforgenden Angriffe zu schützen. Die Stände
des Landes waren nicht geneigt, den Herzog zum
Behuf eines auswärtigen, so äußerst mislichen
Unternehmens zu unterstützen, und unter seinen
Nachbaren drohte der Graf von Bretagne, sein
Todfeind, während Wilhelms Abwesenheit die
Normandie anzugreifen, und auf dieses Land
seine Ansprüche geltend zu machen. Selbst der
Französische Hof, dessen Interesse seinem Unter=
nehmen günstig seyn konnte, erweckte Besorg=
nisse. Doch alle diese Schwierigkeiten half ihn
das Glück überwinden.

Die erforderlichen Truppen fand er in Kur=
zem: denn alles, was nach dem damals herr=
schenden Rittergeiste nach Kriegsruhm strebte,
wünschte an einem Unternehmen Theil zu neh=
men, das Ruhm einzuernbten so vorzügliche Ge=
legenheit darzubieten schien, und das um so mehr
Reiz hatte, je größer dabey die Gefahr, und je
wunderartiger seine Natur war. Von allen
Seiten, aus Frankreich, den Niederlanden und
Deutschland boten die Ritter dem Herzoge, der
durch seinen Ruhm ohnedies schon viele Anhän=
ger hatte, ihre Dienste an, und selbst die Re=

genten begünstigten es, daß ihre Vasallen an
der vorhabenden Landung Theil nahmen. Dem
Herzog wurde in der That nicht sowohl die
Komplettirung seines Heers, als die Auswahl
unter den Freywilligen, die ihm ihre Dienste
antrugen, schwer.

Nicht so leicht fiel es ihm, die Landstände
für seine Absichten zu gewinnen. Wilhelm brauchte die Vorsicht, mit ihnen auf dem Landtage zu
Cislebonne nicht in Masse, sondern einzeln zu
unterhandeln. Er fing mit solchen an, die aus
Rücksichten der Freundschaft am geneigtesten
seyn konnten, seine Wünsche zu befriedigen. Nachdem er diese gewonnen hatte, war es leichter,
auch andere auf seine Seite zu ziehen, da diejenigen, die einmal gewonnen waren, gleichfalls
daran arbeiteten, ihm mehrere Anhänger zu verschaffen. Mit diesem Kunstgriffe gelang es ihm,
die meisten, und endlich alle Stände zu gewinnen, so daß sie auf der Versammlung beschlossen,
den Herzog bey seinem Unternehmen aus allen
Kräften zu unterstützen.

Die Besorgniß, welche der Graf von Bretagne wegen des gedroheten feindlichen Angriffs

auf die Normandie erregte, verschwand mit dem
plötzlichen Tode desselben. Sein Sohn, der ge=
gen Wilhelm andere Gesinnungen hegte, begün=
stigte vielmehr des Herzogs Absichten. Und an
dem Französischen Hofe, bey dem er, obgleich
vergebens, Hülfe suchte, und gegen den er sich
erbot, auf den Fall eines glücklichen Erfolgs,
wegen England den Huldigungseid zu leisten,
kam ihm während der Minderjährigkeit des Kö=
nigs, Philipp des Ersten, der Einfluß seines
Schwiegervaters, des Grafen von Flandern, zu
statten, der sein Unternehmen unter der Hand,
bey der Anwerbung der Truppen, begünstigte.
Außerdem nutzte ihm eine gleiche Begünstigung,
von Seiten des Kaisers Heinrichs des vierten,
der ihm zugleich die Zusicherung gab, die Nor=
mandie während der Expedition zu schützen. Nie=
mand aber leistete ihm bey=seinem Vorhaben
nützlichere Dienste, als der Pabst, der sein Un=
ternehmen gut hieß und mit seinem ganzen Ein=
flusse unterstützte. Dieses Oberhaupt der Kirche
fand in diesem Unternehmen der Gewalt und
des Ehrgeizes zu sehr seinen eigenen Vortheil,
als daß es solches nicht auf alle Weise hätte be=
günstigen

günstigen sollen. Wilhelm hatte in seiner Streitsache mit dem Könige von England seinen Re-
cours an den Pabst als Schiedsrichter genommen, ein Schritt, der den Wünschen des Letztern, sich in die weltlichen Angelegenheiten der
Fürsten zu mischen, sehr willkommen seyn mußte;
und überdies hoffte der Pabst, mit Hülfe der
Normännischen Waffen, die Kirche von England
die sich noch in einem Zustande der Unabhän-
gigkeit behauptet hatte, seiner geistlichen Herrschaft zu unterwerfen. Bey solchen Gründen ergriff Alexander sogleich Wilhelms Parthey, seinen Gegner erklärte er für einen meineidigen
Usurpator und that ihn nebst seinen Anhänger
in den Bann. Dem Herzoge von der Normandie schickte er dagegen zur glücklicheren Ausführung seines Vorhabens gegen demselben eine ge-
weihte Fahne und einen Ring mit einem von
des heiligen Petrus Heeren in demselben.

Das günstige Urtheil des Oberhaupts der
Kirche machte in jenen Zeiten des Aberglaubens
einen starken, und für Wilhelm vortheilhaften
Eindruck auf die Gemüther. Rittergeist und
Religion wirkten vereint, um die Macht des

C

Herzogs zu verstärken. Zu diesem kam noch die
Wirkung der Feindschaft, die gegen den König
von England dessen eigener Bruder, Tosti hegte.
Diesen reizte Wilhelm, in Verbindung mit dem
Könige von Norwegen, Harald Haifager, einen
Einfall in England zu thun, zu einer Zeit, da
er selbst dieses Land angreifen wollte. Tosti
sammelte in den Häfen von Flandern, zwanzig
Segel, mit denen er in See ging, und sich,
nachdem er die südlichen und östlichen Küsten
durch Räuberey beunruhigt hatte, nach Northumberland begab, wo er sich mit dem Könige
von Norwegen, der dort mit dreyhundert Schiffen gelandet war, vereinigte.

Unterdeß hatte Wilhelm selbst ein Heer von
60,0070 Mann, und eine Flotte von 3000 Schiffen versammlet, ein Anblick, den nicht weniger
der Glanz des Aeußern und der Ruhm der Großen, als die Anzahl und Größe der Macht hob.
Die Flotte und Armee waren früh im Sommer
in der Mündung des kleinen Flusses Dive bey-
sammen, und die Truppen waren früh einge-
schifft, aber der Wind war ihnen lange sehr entgegen, und nöthigte sie in dem Hafen zu bleiben.

In dieser Zwischenzeit waren schon der König von Norwegen und der Bruder des Königs
von England, in Northumberland gelandet.
Nachdem die Flotte in den Hamberfluß einge-
drungen war, stiegen hier die Truppen an das
Land und plünderten nach allen Seiten. Die
Englischen Truppen, die der dortige Statthalter
in Elle zusammengezogen hatte, wurden von ihnen geschlagen. Nun zog ihnen der König von
England selbst mit einer Armee entgegen, die
durch den Eifer der Engländer, ihren König
zu unterstützen, von allen Seiten sehr verstärkt
war. In einer Schlacht, die er dem Feinde
(25. Sept. 1066) lieferte, und die sehr blutig
ausfiel, behielt der König die Oberhand, selbst
die beiden Anführer des feindlichen Heers, Tosti
und Halfager, blieben auf dem Platze, und die
feindliche Flotte fiel in seine Gewalt.

Kaum hatte der König diesen Sieg erfoch-
ten: so lief die Nachricht von der Landung der
Normänner ein, die ihn nöthigte, sich einer neuen
Gefahr blos zu stellen.

Die widrigen Winde, welche bisher die Normännische Flotte an der Abfahrt verhindert hat-

ten, hatten leicht sehr nachtheilige Wirkung für
den Herzog haben können, wenn er nicht durch
sein Ansehn und gute Ordnung, auch durch Vor‒
sorge für hinlängliche Lebensmittel, die Truppen
bei guter Laune zu erhalten gewußt. Als end‒
lich sich ein günstiger Wind erhob, so segelte die
Flotte bis St. Valori. Hier verlohr sie einige
Schiffe und bekam wieder ungünstigen Wind, wel‒
ches Ereigniß dem ganzen Unternehmen gefährlich
zu werden drohte. Denn die Truppen sahen es un‒
eingedenk des päbstlichen Seegens als ein Zei‒
chen an, daß der Himmel ihrem Vorhaben un‒
günstig sey. Darüber verlohren sie den Muth,
viele fingen an schwierig zu werden, und selbst
die Fahnen zu verlassen. Wilhelm nahm dage‒
gen eine Prozession zu Hülfe, die er mit den
Reliquien des heiligen Valorio anstellen ließ, um
vom Himmel gute Witterung zu erflehen. Diese
erfolgte bald und zwar am Abend vor dem Feste
Michaelis, des Schutzpatrons der Normandie.
Dieser Umstand brachte bey den Truppen sogleich
eine ganz andere Stimmung zu wege. Plötzlich
ging man nun unter Segel und kam ohne
Widerstand und ohne erheblichen Verlust, zu

Pevensig in Suffex an, wo die Armee in Ruhe
an das Land stieg. Als der Herzog beym
Sprunge ans Land, strauchelte und fiel, legte er
dies mit Gegenwart des Geistes, als eine Be-
sitznehmung des Landes aus. So vergnügt war
überhaupt die Stimmung des Herzogs und seiner Truppen, daß die Nachricht von der Niederlage der Norvegier keine üble Wirkung hervorbrach-
te, daß man vielmehr der Ankunft des Feindes
mit Verlangen entgegen sah.

Das Glück hatte die Normännische Expedition sehr begünstigt, denn selbst der widrige Wind,
der sie verzögert, und ihr sehr nachtheilig zu werden gedrohet hatte, wurde ihr nützlich. Dieser
Vorfall verschaffte der Flotte zufällig eine unge-
hinderte Ueberfarth, die sie sonst nicht erwarten
konnte, da der König von England eine große
Flotte den Sommer hindurch bey der Insel
Wight hatte brauchen lassen. Weil aber die fal-
sche Nachricht eingelaufen war, daß Wilhelm,
durch den widrigen Wind und andern Vorfällen
abgeschreckt, sein Vorhaben aufgegeben hätte;
so hatte man die Englische Flotte wieder auseinander gehen lassen, durch welche Verfügung dem

Herzoge Gelegenheit gegeben war, ohne allen Widerstand die Küsten von England zu erreichen.

So gar der Umfall der Norwegischen Niederlage wurde dem Unternehmen des Herzogs vortheilhaft, denn das Glück, das hiebey der König gehabt hatte, verleitete ihn zu einer falschen Maaßregel, welche die Ursache seines Unglücks wurde. Anstatt nach dem Rathe seines Bruders, den Feind blos aufzuhalten, zu ermüden und auszuhungern, entschloß er sich, durch sein bisheriges Glück angefeuert, seine ganze Sache in einem entscheidensten Treffen auf das Spiel zusetzen, ein Entschluß, der um so gewagter war, da der König auf seiner Seite nicht die Stärke und den Muth der Truppen, nach dem Erforderniß der Umstände fand. Er hatte durch die wahrscheinlich aus Rücksichten auf das Gemeinbeste geflossene Weigerung, seinen Soldaten die Norwegische Beute zu überlassen, viele von sich abwendig gemacht, und entweder zur Entfernung oder doch zum Misvergnügen veranlaßt, welches seinem Heere eine Schwäche zugezogen hatte, die ihm leicht gefährlich werden konnte. Allein so wenig dieser Umstand, als die

Betrachtung, daß das Unglück einer Niederlage
noch größer für England werden müßte, wenn
er selbst in der Schlacht fallen sollte, wirkten
auf den König, um ihn zum Aufschub eines
Treffens oder zur Schonung seiner Person zu bewegen. Er rückte, um bald schlagen zu können,
in die Nähe des Feindes, der sein Lager und
seine Flotte bey Hastings hatte.

Der König von England ließ noch vorher
dem Herzoge eine Summe Geldes für seinen
Abzug anbieten, worauf der letztere den erstern
durch eine Gesandschaft von Mönchen auffordern
ließ, entweder die Krone niederzulegen, oder sie
von ihm als ein Vasall zu empfangen, oder die
Streitsache der Entscheidung des Papstes oder
eines Zweykampfes zu überlassen. Der König
erwiederte, daß der Gott der Schlachten in Kurzem der Schiedsrichter ihrer Sache seyn werde.

Man bereitete sich nun zur Schlacht. Die
Engländer brachten die Nacht vorher in Fröh-
lichkeit und Unordnung zu; die Normänner hingegen in der Stille mit Gebet und Andachtsü-
bungen. Am Morgen des Tags, da die Schlacht
erfolgte (14ten October) hielt der Herzog an die

Häupter seines Heers eine Anrede, worin er ihnen die Wichtigkeit des Erfolgs vorstellte, die
Belohnung, die ihrer erwartete, wenn sie in einer
einzigen Schlacht ein Königreich eroberten, - und
die Schande und den unvermeidlichen Tod, wenn
sie ihre bisherige Tapferkeit verläugnen sollten.
Er theilte hierauf seine Armee in drey Treffen;
in dem erstern, unter dem Befehl von Montgo-
mery, waren die Bogenschützen und leichten
Truppen; im zweyten, unter Martel, der Kern
der Armee, die schwerbewafneten, in geschlossenen
Reihen, und im dritten, das der Herzog selbst
anführte, die Reuterey, welche so gestellt war,
daß sie die Flanken der Infanterie deckte. Auf
das gegebene Zeichen zur Schlacht, setzte sich die
ganze Armee auf einmal in Bewegung, und
rückte, den Rolands Gesang singend, auf den
Feind los.

Der König von England hatte den Vortheil
einer Anhöhe benutzt, um sich in seiner Stellung
vertheidigungsweise zu behaupten, und alles Gefecht mit der Reuterey, woran er zu schwach
war, zu vermeiden. Die Kenter hatten den ersten Platz; den Mittelpunkt nahmen die Londo-

ner ein; der König selbst nebst seinen zwey tapfern Brüdern, stellten sich an die Spitze des
Fußvolks, mit dem Entschlusse, entweder zu sie-
gen oder zu sterben.

Der Angriff der Normänner geschah mit
großer Heftigkeit, wurde aber durch den tapfern
Widerstand der Engländer unwirksam gemacht,
die Normänner sahen sich selbst zum Weichen genöthigt. In dieser mislichen Lage eilte Wilhelm
mit einem ausgesuchten Haufen zur Unterstützung
der Seinigen herbey, welches auch die Wirkung
hatte, daß sich die Engländer wieder zurückziehen
mußten. Er war aber nicht im Stande, durch den
Angriff, den er nun durch sein zweytes Treffen
machen ließ, seinen Gegner zu überwältigen, der
sich im Besitz des Vortheils, den ihm der Bo-
den gab, nicht zum Weichen zu bringen war.
Der Herzog nahm daher zur List seine Zuflucht.
Er ließ von seinen Truppen eine verstellte Flucht
machen, welches auch die Folge hatte, daß die
Engländer in der Hitze des Gefechts, und durch
ihren Vortheil über den Feind fortgerissen, sich
in die Ebene ziehen ließen, wo sie sehr bald von
der Reuterey und dem Fußvolke zugleich ange-

griffen und mit großem Verluste zurückgetrieben wurden. Dieser Erfolg that indeß noch nicht ganz die gehofte Wirkung; die Engländer, von ihrem Könige wieder gesammlet, waren noch stark genug, um sich in ihrer guten Stellung zu vertheidigen. Der Herzog machte daher von seiner Kriegslist zum zweytenmal, und gleichfalls mit gutem Erfolge, Gebrauch; fand aber demohngeachtet noch immer einen beträchtlichen Theil des Feindes vor sich, der entschlossen war, sich bis auf das Aeußerste zu wehren. Jetzt ließ er also auf denselben durch den Kern seiner Truppen einen Sturm wagen, unterdeß die Bogenschützen einen Angriff im Rücken versuchten. Durch diese Disposition gelang es ihm endlich, den Sieg zu erfechten, nachdem der König von England nebst seinen beiden Brüdern gefallen waren, und durch ihren Tod den Engländern den Muth genommen hatten.

Diese Schlacht bey Hastings hatte vom Morgen bis zum Sonnenuntergang gedauert, und hatte den Siegern allein an 15,000 Mann gekostet, noch weit mehr aber den Besiegten. Dem Herzoge waren drey Pferde unter ihm ge-

tödtet. Der Leichnam des Königs von England
wurde seiner Mutter ohne Lösegeld ausgeliefert.
Noch ehe die Normänner das Schlachtfeld ver-
ließen, dankten sie dem Himmel auf das feier-
lichste für den erhaltenen Sieg. Wilhelm behauptete nach diesem Siege die Krone von
England. —

Landung des Grafen von Richmond.

Die Landung, welche im funfzehnten Jahrhundert der Graf von Richmond, das Haupt einer
Englischen Parthey, erst von Bretagne aus, aber
ohne Erfolg, unternahm, und hiernächst von der
Normandie aus glücklich ausführte, kann nicht
unschicklich unter den Normännischen Landungen
ihren Platz finden. Sie war der Zeitfolge nach
nicht die nächste nach der Normännischen, indem
vor derselben noch eine Landung, welche im drey-

zehnten Jahrhundert die Franzosen ausführten, vorherging. Da aber diese letztern sich in der Reihe der Französischen Landungen hiernächst an einem schicklichen Orte beschreiben läßt, so wird es genug seyn, sie hier blos, in Hinsicht auf die chronologische Ordnung zu erwähnen.

Heinrich, Graf von Richmond, aus dem Hause Lancaster-Tudor, wurde als das schicklich= ste Werkzeug, den tyrannischen König Richard zu stürzen, von einer Parthey in seiner Entfer= nung, am Hofe des Herzogs von Bretagne auf= gesucht. Man hofte diese Absicht durch eine Heirath mit der Prinzeſſin Eliſabeth aus dem Hauſe York zu erleichtern, und eben dadurch den für England ſo lange Zeit verderblich geworde= nen Streit wegen des Throns, zwiſchen den Häuſern York und Lancaſter zu endigen. Nach= dem mit ſeinen Anhängern in England alles vorbereitet war, und die Ausführung des Plans unternommen werden ſollte, entdeckte ihn der König, und nahm an den Theilnehmern der Verſchwörung, die ſich nicht durch die Flucht retteten, Rache. Inzwiſchen ſetzte (im J. 1483) der Graf von Richmond mit 5000 Mann, die er in fremden Ländern geworben hatte, von St. Malo aus nach England über. Allein ein Sturm trieb ihn zurück, und als er sich wieder an den Küsten von England sehen ließ, waren alle seine Freunde bereits zerstreuet, daher er sich genöthigt sah, nach Bretagne zurückzukehren.

Die Tyranney des Königs von England setzte inzwischen noch immer seine Feinde in Bewegung, um ihn vom Throne zu stürzen, und der Zeitpunkt dazu wurde immer dringender, da er damit umging, die Prinzessin Elisabeth, auf deren Heirath mit dem Grafen von Richmond man so große Hofnung setzte, selbst zu heirathen und solchergestalt den Entwurf seiner Gegner zu zerrütten.

Der Graf von Richmond fand nun an dem Französischen Hofe, bey Carl dem VIII, zu dem er sich aus Besorgniß einer Verrätherey eines der Minister am Bretagnischen Hofe geflüchtet hatte, allen Vorschub zu einer neuen Landung. Mit ohngefähr 2000 Mann segelte er (im J. 1485) von Härfleur in der Normandie ab, und kam nach einer Fahrt von sechs Tagen zu Milford-Haver in Wallis an, wo er ohne

Widerstand landete, und bey den Einwohnern, seinen Landsleuten, eine gute Aufnahme fand.

Der König von England, der von dem Vorhaben dieser Landung schon vorher unterrichtet war, hatte dagegen blos auf dem Lande Vorkehrungen getroffen. Es hatten in den verschiedenen Grafschaften einige Personen den Befehl, sich dem Feinde, wo er landen möchte, zu widersetzen, und der König selbst hatte in der Mitte des Landes, zu Nottingham, eine Stellung genommen, um von da aus auf das geschwindeste an den Ort der Gefahr eilen zu können.

Diese Vorkehrungen nutzten jedoch dem Könige nicht. Ihm schadete am meisten die Abneigung der Nation. Sobald die gelandeten Truppen vordrangen, schlugen sich sogleich viele von der Königlichen Parthey, zu ihnen; andere, besonders der Lord Stanley, dessen Sohn der König, wegen Verdacht eines Abfalls, als Geisel in seiner Gewalt behielt, bewiesen sich für den König ganz unthätig, und warteten blos den Augenblick ab, wo sie ihn mit Sicherheit verlassen konnten.

Bey Bosworth, in der Nähe von Leicester,

erfolgte hierauf (22. Aug. 1485) ein entscheiden-
des Treffen, das sich, nachdem der Lord Stanley
sich zu der Parthey des Grafen von Richmond
geschlagen hatte, mit der Nieder'age der Königlichen Truppen, und selbst mit dem Tode des
Königs endigte. Sein Leichnam, den man unter den Todten voller Blut fand, wurde über
ein Pferd geworfen, und mitten unter dem Ju-
bel des ihm höhnenden Volks, nach Leicester gebracht, und in einer der dortigen Kirchen begra-
ben. Der Graf von Richmond bemächtigte
sich nun nach dem Sturze seines Gegners, des
Throns von England.

V. Landung der Spanier.

Noch ehe die Landung der Spanier geschah,
unternahmen eine solche bald nach der vorigen
die Franzosen, die aber gleichfalls aus dem oben
angeführten Grunde, erst nachher beschrieben
werden wird.

Bisher hatten entweder auswärtige Eroberer oder einheimische Faktionen, Landungen in
England versucht. Nun wurde eine solche mehr
aus Rachbegierde von den Spaniern unternommen. Sie ist in Ansehung der Größe, der Rüstungen und der Gefahr und durch den unglücklichen
Ausgang, eine der merkwürdigsten Unternehmungen dieser Art. Hume gibt davon in seiner Geschichte Englands folgende interessante Beschreibung.

Der König von Spanien, Phillipp der
Zweyte, unterhielt lange den geheimen und heftigen Wunsch sich an der Königin Elisabeth von
England, wegen der Feindseeligkeiten die sie allenthalben gegen ihn gezeigt hatte, rächen zu können.
Zugleich schmeichelte seinem Ehrgeize die Hofnung
England zu erobern, welche die damalige glückliche
Lage seiner Angelegenheiten unterhielt, nachdem
er Portugall erobert, und den ostindischen Handel und Kolonien erlangt hatte, und aus Ame-
rika jährliche große Schätze zog. Das Haupt-
augenmerk seines Ruhms, und der beständige
Gegenstand seiner Politik, ging dabey auf die
Erhaltung der Ortodoxie und auf die Ausrot-
tung

tung der Ketzerey; und da die Königinn Elisabeth die Hauptstütze der Protestanten war, so hoffte er, daß er durch die Unterjochung derselben, sich den ewigen Ruhm verschaffen würde, die ganze geistliche Welt in der katholischen Kirche wieder zu vereinigen. Vor allem reizte ihn sein Unwille gegen seine aufrührerischen Unterthanen in den Niederlanden, die Engländer anzugreifen, die diesen Aufstand unterhalten hatten, und die durch ihre Nähe so gut die Holländer unterstützen konnten, daß er diese Rebellen zu unterwerfen nicht hoffen durfte, so lange die Macht dieses Königreichs ungeschwächt blieb. Die Unterwerfung Englands schien eine nöthige Vorbereitung zu der Wiederherstellung seines Ansehns in den Niederlanden zu seyn; auch war an sich die erstere wichtiger und leichter als diese letztere. Dieses Königreich lag Spanien näher als die Niederlande, und war von dieser Seite den Angriffen mehr ausgesetzt; hatte erst einmal ein Feind den Eingang in denselben gefunden: so schien die eigentliche Schwierigkeit überwunden zu seyn, da es weder durch Kunst noch Natur befestigt ist; ein langer Friede hatte

D

daſſelbe aller Kriegsdiſciplin und Erfahrung beraubt; und von den Catholiken, deren Anzahl
in demſelben noch groß war, ließ ſich hoffen,
daß ſie bereit ſeyn würden, ſich an jeden Feind
anzuſchließen, der ſie von den Verfolgungen, die
ſie erduldeten, zu befreyen, und den Tod der Königin von Schottland, für die ſie die größte Anhänglichkeit gehabt hatten, zu rächen ſuchte. Das
Schickſal Englands mußte in einer See = und
in einer Landſchlacht entſchieden werden; und
zwiſchen den Engländern und Spaniern ließ ſich
weder in Hinſicht auf Seemacht, noch Anzahl,
Ruhm und geübte Tapferkeit der Truppen, eine
Vergleichung anſtellen. Außer der Erwerbung
eines ſo großen Königreichs, verſicherte der glückliche Erfolg gegen England die unmittelbare Unterwerfung der Holländer, die, von allen Seiten
angegriffen und aller Unterſtützung beraubt, ihren halsſtarrigen Nacken unter das Joch beugen
mußten, dem ſie ſo lange widerſtanden hatten.
Zum Glück für Spanien fiel ihm bey dieſer
wichtigen Eroberung die Eiferſucht der übrigen
Mächte, die ein natürliches Intereſſe gegen den
glücklichen Erfolg dieſes Unternehmens hatten,

damals nicht hinderlich. Mit den Türken war eben ein Waffenstillstand geschlossen; das deutsche Reich war in den Händen eines Freundes und nahen Bundsgenossen, und Frankreich, der beständige Nebenbuhler von Spanien, war so durch innere Unruhen zerrissen, daß es seine Aufmerksamkeit auf dies auswärtige Interesse zu wenden nicht im Stande war. Diese günstige Gelegenheit, die sich nicht wieder zeigen möchte, sollte nun benutzt, und ein kühner Versuch gemacht werden, um in Europa den Einfluß zu erhalten, wozu die damalige Größe und der Flor der Spanier sie vollkommen zu berechtigen schien.

Diese Hofnungen und Beweggründe veranlaßten Philipp, seines vorsichtigen Charakters ungeachtet, dies gewagte Unternehmen anzufangen; und obgleich der Herzog von Parma, als er darüber zu Rathe gezogen wurde, sich wider dasselbe erklärte, wenigstens noch die Nothwendigkeit vorstellte, vorläufig sich den Besitz einer Stadt mit einem Seehafen in den Niederlanden zu verschaffen, um für die Spanische Flotte einen Ort für den Rückzug zu haben; so war dennoch der König entschlossen, sogleich zur Ausführung

seines ehrgeizigen Projects zu schreiten. Einige
Zeit hindurch hatte er insgeheim Zurüstungen
dazu machen lassen; sobald aber der Entschluß
völlig genommen war, so ertönte jeder Theil sei=
nes weiten Reichs von dem Geräusch der Rü=
stungen, und alle seine Minister, Generale und
Admirale waren beschäftigt, das Werk zu be=
schleunigen. Der Marquis von Santa Croce,
ein See=Offizier von großem Ruhm und Er=
fahrung, war zu dem Commando der Flotte be=
stimmt, und nach seinem Rathe wurden die Aus=
rüstungen zur See geleitet. In allen Häfen
von Sicilien, Neapel, Spanien und Portu=
tugal wurden Baumeister beschäftigt, um Schiffe
von ungewöhnlicher Größe und Stärke zu bauen;
Schiffsbedürfnisse wurden mit großen Kosten an=
gekauft, Vorräthe gehäuft; Armeen auf die Bei=
ne gebracht, und in den Spanischen Seestädten
einquartiert, und Plane entworfen, um eine
Flotte auszurüsten, die noch nicht ihres gleichen
gehabt hatte. Die Kriegsrüstungen in Flandern
waren nicht weniger furchtbar. Aus allen Ge=
genden versammelten sich Truppen, um den Her=
zog von Parma zu verstärken. Capizucchi und

Spinelli führten Truppen aus Italien zu; der Marquis von Borgaut, ein Prinz aus dem Hause Oesterreich, warb in Deutschland Völker; die Wallonischen und Burgundischen Regimenter wurden vollzählig gemacht und vermehrt; die Spanische Infanterie wurde verstärkt, und eine Armee von 34,000 Mann in den Niederlanden versammelt, und zum Uebersetzen nach England fertig gehalten. Der Herzog brauchte alle Zimmerleute, die er nur anschaffen konnte, entweder in Flandern oder in Niederdeutschland, und an den Küsten des Baltischen Meers, und er bauete zu Dünkirchen und Newport, aber hauptsächlich zu Antwerpen, eine große Anzahl Boote und flacher Fahrzeuge, zum Transport des Fußvolks und der Reuterey. Die angesehensten vom Adel und die Fürsten Italiens und Spaniens, zeigten ten Ehrgeiz, an der Ehre dieses großen Unternehmens Theil zu nehmen. Don Amadeus von Savoyen, Don Johannes von Medicis, Vespasian Gontzaga, der Herzog von Sabionetta, und der Herzog von Postrana, eilten, um sich mit der Armee unter dem Herzoge von Parma zu vereinigen. Ohngefähr zweytausend Freywil-

lige in Spanien, unter denen viele Personen
von Familie waren, hatten Dienste genommen.
Man zweifelte gar nicht, daß solche große Zubereitungen, geleitet von Officieren von so großer
Geschicklichkeit, glücklich ausfallen müßten. Und
die Spanier, stolz auf ihre Macht, und voll von
eitler Hofnung, hatten bereits ihre Seemacht die
Unüberwindliche Flotte benannt.

Die Nachricht von diesen außerordentlichen
Rüstungen lief bald an dem Hofe zu London
ein; und so sehr das Spanische Ministerium die
wahre Absicht derselben unter dem Vorwande,
daß diese Macht in Indien gebraucht werden
sollte, zu verbergen suchte: so ließ sich doch leicht
schließen, daß sie auf einen Angriff gegen England abzweckten. Die Königin hatte dies vor-
ausgesehen, und da sie fand, daß sie nun für ihre Krone mit der ganzen Macht von Spanien
kämpfen mußte; so machte sie für den Widerstand Zubereitungen, ohne durch die Macht in
Schrecken gesetzt zu werden, wovon ganz Europa fürchtete, daß sie davon nothwendig überwäl-
tigt werden müßte. Ihre Macht schien in der
That zu einem Widerstande gegen einen so

mächtigen Feind zu ungleich. Alle Matrosen in
England beliefen sich damals ohngefähr auf 14,000
Mann. Der Bau der Englischen Schiffe war
überhaupt so klein, daß, außer einer kleinen Anzahl von den Königlichen Kriegsschiffen, es nur
vier Schiffe über vierhundert Tonnen gab, welche Kaufleuten gehörten. Die Königliche Seemacht bestand bloß aus achtundzwanzig Segeln,
worunter viele von geringer Größe waren, keines
der Schiffe überstieg die Größe der größten Fregatten jetziger Zeit, und die meisten von ihnen
verdienten mehr den Namen Pinasse als Schiff.
Der einzige Vortheil der Englischen Flotte bestand in der Geschicklichkeit und dem Muthe der
Seeleute, die, da sie bey jeder stürmischen See
zu fahren gewohnt waren, und sich allen Gefahren aussetzten, in diesem Stück die Spanischen
Matrosen eben so sehr übertrafen, als ihre Schiffe an Größe und Stärke die der übrigen Nationen übertrafen. Alle Handelsstädte Englands
wurden ersucht, zur Verstärkung dieser geringen
Seemacht Schiffe zu liefern; und sie zeigten bey
der gegenwärtigen Gelegenheit große Bereitwil-
ligkeit, ihre Freyheit und Religion wider die sie

bedrohenden Gefahren zu vertheidigen. Um ihren Eifer für die gemeine Sache zu zeigen, rüsteten die Bürger von London statt funfzehn Schiffe, die sie liefern sollten, die doppelte Anzahl von freyen Stücken aus. Die Vornehmen und der Adel mietheten, bewaffneten und bemannten dreyundvierzig Schiffe auf eigene Kosten, und alle Geldanleihen, welche die Königin verlangte, wurden von den Personen, an welche man sich wandte, bereitwillig angenommen. Lord Howard von Effingham, ein Mann von Muth und Fähigkeit, war Admiral und übernahm das Commando der Flotte; Drage, Hawdins und Frobisher, die berühmtesten Seeleute damaliger Zeit in Europa, dienten unter ihm. Die Hauptflotte war zu Plymouth gestellt. Ein kleines Geschwader von vierzig Englischen und Flamländischen Segeln, wurde vom Lord Seymour, zweyten Sohn des Protector Sommerset, geführt, und lag vor Dünkirchen, um den Herzog von Parma aufzufangen.

Die Englische Landmacht besaß in Vergleichung mit der Spanischen ganz entgegengesetzte Eigenschaften als die Seemacht. Sie war stär=

?er als die feindliche, war aber an Disciplin,
Ruhm und Erfahrung ungleich geringer. Eine
Armee von 20,000 Mann wurde in verschiedenen Corps längs den südlichen Küsten hingestellt;
und es waren Befehle gegeben, daß sie, wenn
sie die Landung der Spanier nicht verhindern
könnten, sich zurückzlehen, das Land rund herum
verwüsten, und aus den benachbarten Grafschaften Verstärkung abwarten sollten, ehe sie sich
dem Feinde näherten. Ein Corps von 22,000
Mann Fußvolk und 1000 zu Pferde, unter dem
Befehle des Grafen Leicester, wurde bei Tilburg gestellt, um die Hauptstadt zu vertheidigen. Die Hauptarmee bestand aus 34,000
Mann zu Fuß und 2000 Reuter unter dem Befehle des Lord Hunsdon. Diese Macht wurde
zur Bewachung der Person der Königin zurück-
behalten; und war befehligt, wo immer sich
der Feind zeigen sollte, zu marschieren. Das
Schicksal von England schien, wenn alle Spanische Truppen landen sollten, von dem Ausgange einer einzigen Schlacht abzuhängen; und
Männer von Nachdenken unterhielten die ängst-
lichsten Besorgnisse, wenn sie an die Macht von

50,000 geübten Spaniern, die von erfahrnen
Officieren geführt wurden, unter dem Herzoge
von Parma, dem größten General seiner Zeit,
dachten; und dieses furchtbare Heer mit dem
Militär, welches das durch den Frieden zwar
nicht entkräftete, aber doch für den Krieg zu
wenig geübte England aufstellen konnte, verglichen.

Die vornehmste Stütze des Königreichs
schien in der Stärke und der Klugheit der Königin zu bestehen, die unerschrocken bei der gegenwärtigen Gefahr, alle ihre Befehle mit Ruhe
gab, ihr Volk zu einem tapfern Widerstande an-
feuerte, und jedes Hülfsmittel anwandte, welches entweder ihre innere Lage oder ihre auswärtigen Verbindungen verschaffen konnten. Sie
schickte Robert Sidney nach Schottland, und
ersuchte den König auf ihrer Seite zu bleiben,
und die Gefahr in Betracht zu ziehen, die von
Seiten des Spanischen Monarchen seiner Unab-
hängigkeit nicht weniger als der ihrigen drohete.
Der Gesandte fand Jacob völlig gestimmt, um
mit England eine Eintracht zu unterhalten; es
hielt sich der König so gar bereit, mit der gan-

zen Macht seines Reichs zum Beystande der
Elisabeth zu marschiren. Ihr Ansehn beym Könige von Dänemark, und das Band der ge-
meinschaftlichen Religion, bewogen diesen Monarchen, auf ihre Vorstellung ein Geschwader Schiffe, welche Philipp in den Dänischen Häfen
hatte bauen oder miethen lassen, wegzunehmen;
die Hansestädte, ungeachtet sie damals mit der
Elisabeth in keinem guten Vernehmen standen,
wurden aus gleichen Gründen dahin gebracht,
daß sie die Ausrüstung einiger Schiffe in ihren
Häfen so lange aufhielten, bis sie für das Vorhaben einer Landung in England unnütz wurden.
Alle Protestanten in ganz Europa betrachteten
dieses Unternehmen als den kritischen Zeitpunkt,
welcher auf immer das Schicksal ihrer Religion
entscheiden sollte; und ob sie gleich, wegen der
Entfernung, nicht im Stande waren, ihre Macht
mit der Macht der Elisabeth zu vereinigen, so
war doch ihre Aufmerksamkeit auf ihr Benehmen
und Glück geheftet; und sie sahen mit Angst,
die mit Bewunderung gemischt war, die uner-
schrockene Fassung, womit sie dem drohenden

Sturme, der sich ihr jeden Augenblick näherte, entgegen ging.

Die Königin sah ein, daß, nächst der allge= meinen Popularität, die sie besaß, und dem Zu= trauen, welches ihre Unterthanen in ihre kluge Regierung setzten, die festeste Stütze ihres Throns in dem allgemeinen Eifer des Volks für die pro= testantische Religion und in den starken Vorur= theilen, die sie gegen das Pabstthum eingeso= gen hatten, bestand. Sie trug bey dieser Gele= genheit Sorge, in ihrer Nation den Eifer für ihre eigene Sekte, und den Abscheu gegen die entgegengesetzte zu beleben. Die Engländer wur= den an ihre vorigen Gefahren von der Spani= schen Tyranney erinnert: Alle von der Königin Maria gegen die Protestanten verübten Grau= samkeiten wurden den Rathschlägen jener bigot= ten und herrschsüchtigen Nation beygemessen: Die blutigen Auftritte in Indien, die beständigen Hinrichtungen in den Niederlanden, die entsetz= lichen Grausamkeiten und Ungerechtigkeiten der Inquisition, wurden Jedermann vor Augen ge= stellt: von den verschiedenen Folterinstrumenten, womit die Spanische Flotte beladen seyn sollte,

wurde eine Liste und Beschreibung bekannt ge=
macht und Bildnisse davon ausgestreuet. Und
jeder Kunstgriff sowohl als Grund wurde ange=
wandt, das Volk zu einer tapfern Vertheidi=
gung ihrer Religion, ihrer Gesetze und ihrer
Freiheiten anzufeuern.

Unterdeß aber die Königin, in dieser kriti=
schen Angelegenheit, den Unwillen der Nation
gegen das Pabstthum rege machte, behandelte,
sie die Anhänger dieser Sekte mit Mäßigung,
und gab einer blinden Wuth gegen sie keinen
Raum. Ungeachtet sie wußte, daß Sixtus der
Fünfte, der damalige Pabst, der durch seine Fä=
higkeit und seine Grausamkeit bekannt ist, eine
neue Bannbulle wider sie erlassen, sie abgesetzt,
ihre Unterthanen von ihrem Eide entbunden,
und einem jeden, der an der Invasion Antheil
nahm, vollkommenen Ablaße ertheilt hatte; so
wollte sie doch nicht glauben, daß alle ihre ka=
tholischen Unterthanen so geblendet seyn könn=
ten, daß sie der Bigotterie ihre Pflichten, die
sie ihrem Regenten, und der Freyheit und Un=
abhängigkeit ihres Vaterlandes schuldig seyen,
aufopferten. Sie verwarf allen heftigen Rath,

wodurch man sie zu bewegen suchte, unter irgend einem Vorwande die Anführer dieser Parthey aus dem Wege zu schaffen; sie wollte nicht
einmal eine beträchtliche Anzahl derselben einkerkern
lassen. Und die Katholiken, die diese gute Behandlung
fühlten, drückten allgemein für den öffentlichen Dienst
ihren großen Eifer aus. Einige angesehene Glie-
der dieser Religionsparthey, die sich bewußt waren, daß sie kein Zutrauen oder Ansehen mit
Recht erwarten konnten, traten als Freywillige
bey der Armee oder Flotte in Dienst; einige rüsteten auf ihre eigene Kosten Schiffe aus, und
gaben das Commando darüber an Protestanten;
andere waren thätig, ihre Pächter, Hintersassen
und Nachbaren zur Vertheidigung ihres Landes
anzufeuern; und jede Classe von Einwohnern
schien, indem sie alle Unterschiede der Parthey
unterdrückte, sich vorzubereiten, eben so wohl
mit Ordnung als mit Nachdruck der Heftigkeit
dieser Feinde zu widerstehen.

Um den kriegerischen Geist der Nation noch
mehr zu erwecken, erschien die Königin zu Pferde
im Lager zu Tilburg; und indem sie durch die
Reihen ritt, zeigte sie eine heitere und muthvolle

Miene, ermunterte die Soldaten ihrer Pflicht
für ihr Vaterland und ihre Religion eingedenk
zu seyn, und sie drückte ihren Entschluß aus,
sie selbst, ob sie gleich ein Frauenzimmer sey,
gegen den Feind ins Feld zu führen, und lieber
in der Schlacht umzukommen, als den Untergang und die Sklaverey ihres Volks zu überle-
ben. Durch dieses muthige Benehmen belebte
sie die Liebe und Bewunderung ihrer Soldaten;
eine Anhänglichkeit an ihrer Person wurde eine
Art von Enthusiasmus unter ihnen; und sie
fragten einander; ob es möglich sey, daß Engländer eine so ruhmvolle Sache verlassen, ob sie
weniger Tapferkeit, als in dem weiblichen Ge-
schlecht sichtbar sey, zeigen, oder ob sie durch
irgend eine Gefahr dahin gebracht werden könnten, die Vertheidigung ihrer heldenmüthigen Königin zu verlassen?

Im Anfange des Merz war die Spanische
Flotte fertig; allein in dem Augenblicke, als sie
aussegeln sollte: wurde der Marquis von Sancta
Croce, der Admiral, von einem Fieber ange-
fallen, woran er bald starb. Der Viceadmiral,
der Herzog von Patiano, erfuhr durch ein selt-

fames Zufammentreffen der Umſtände, um die-
ſelbe Zeit ein gleiches Schickſal; worauf der König zum Admiral den Herzog von Medina er-
nannte, einen Edelmann aus einer angeſehenen
Familie, aber unerfahren und mit dem Seewe-
ſen ganz unbekannt. Alcante wurde zum Viceadmiral beſtimmt. Außer dem Verluſt eines ſo
großen Officiers als Sancta Croce war, hielt
dies Unglück das Abſegeln der Flotte auf, und
gab den Engländern mehr Zeit zu ihren Zurü-
ſtungen, zum Widerſtande. Endlich ging die
Spaniſche Flotte, voll Hoffnung und Bereitwil-
ligkeit, von Liſſabon unter Segel; allein am folgenden Tage erlitt ſie einen heftigen Sturm, der
die Schiffe zerſtreuete, einige der kleinſten ver-
ſenkte, und die übrigen nöthigte, in Irogne
Schuß zu ſuchen, wo ſie ſo lange warteten, bis
der Schade ausgebeſſert war. Als die Nachricht
hievon in England einlief, ſchloß die Königin,
daß das Vorhaben der Landung für dieſem Sommer vereitelt ſey; und da ſie immer gern jeden
Grund ergriff, um Geld zu erſparen: ſo ließ
ſie dem Admiral Walſingham ſchreiben, daß er
einige der großen Schiffe abtafeln und die Ma-

troſen

trosen entlassen solle. Allein Lord Effingham,
der in seinen Hofnungen nicht so kühn war,
nahm sich die Freyheit, diesen Befehlen nicht zu
gehorchen, und er bat um Erlaubniß, alle Schiffe in Dienst zu behalten, wenn es gleich auf seine eigene Kosten geschehen sollte. Er benutzte
einen Nordwind, um nach den Küsten von Spanien zu segeln, in der Absicht, den Feind in seinem Hafen anzugreifen; da sich aber der Wind
nach Süden drehete, so besorgte er, sie möchten
unter Segel gehen, und indem sie ihm vorbey-
gingen, das durch Abwesenheit der Flotte jetzt
blos angestellte England angreifen. Er gieng also
mit der größten Geschwindigkeit nach Plymouth,
und lag in diesem Hafen vor Anker.

Inzwischen war der Schade der Spanischen
Flotte ausgebessert, und die Spanier gingen wieder mit neuen Hofnungen in See, um ihr Vorhaben zu verfolgen. Die Flotte bestand aus 130
Segeln, worunter nahe an hundert Kriegsschiffe, und von einem größeren Bau, als bisher in Europa gebräuchlich waren. Sie führte
19,295 Soldaten, 8,456 Matrosen, 2088 Ga-
leerensklaven, und 2630 große Stücke grobes

Geſchütz. Sie war auf ſechs Monathe verpro-
viantirt, und von 20 kleinern Schiffen und 10
Booten, jedes mit 6 Rudern begleitet.

Der vom Könige von Spanien entworfene
Plan war, daß die Flotte nach den Küſten,
Dünkirchen und Newport gegenüber ſegeln ſollte,
nachdem ſie alle Engliſche oder Flamländiſche
Schiffe, die ſie auf ihrer Fahrt antreffen möchte,
weggejagt (denn daß ſie Widerſtand ſollten thun
können, glaubte man nicht): ſo ſollte ſie ſich
mit dem Herzoge von Parma vereinigen, ſollte
alsdenn von da nach der Themſe ſegeln, und
wenn ſie die ganze Spaniſche Armee gelandet
hätte, ſolchergeſtalt mit einem Schlage die Eroberung von England vollenden. Dieſem Plane
zufolge gab Phillipp dem Herzoge. von Medina
Befehl, daß er, in dem er durch den Canal
führe, den Küſten Frankreichs ſo nahe als es
mit Sicherheit geſchehen könnte, ſegeln, und
durch dieſe Vorſicht das Zuſammentreffen mit
der Engliſchen Flotte vermeiden, auch mit un-
verrückter Hinſicht auf das eigentliche Vorhaben,
alle kleine Vortheile vermeiden ſollte, die für die
Eroberung eines Königreichs ein Hinderniß wer-

den, oder einen Aufschub verursachen könnten.
Nachdem die Flotte unter Segel war, nahmen
sie einen Fischer gefangen, von dem sie erfuhren,
daß der Englische Admiral vor Kurzem in See
gewesen sey, daß er aber, da er von dem Sturme, der die Spanische Flotte zerstreuet, gehört,
sich nach Plymouth zurückgezogen, und weil er
in dieser Jahreszeit keine Landung weiter erwartete, seine Schiffe abgetakelt, und die meisten
Matrosen entlassen hätte. Nach dieser falschen
Nachricht dachte es sich der Herzog von Medina
sehr leicht, die Englischen Schiffe im Hafen anzugreifen und zu zerstöhren; und er ließ sich
durch die Aussicht eines so entscheidenden Vortheils verleiten, seine Befehle zu brechen und
geradesweges nach Plymouth zu segeln; ein Entschluß, der England rettete. Das Vorgebirge
Lizard war das erste Land, das die Flotte un-
gefähr gegen Sonnenuntergang sah; und weil
es die Spanier für Ramhead bei Plymouth
nahmen: so hielten sie die See, in der Absicht,
am folgenden Tage zurückzukommen und die Englische Flotte anzugreifen. Sie wurden aber von
Fleming, einem Schottischen Seeräuber, der in

blefen Gewäffern sich aufhielt, entdeckt, und der
sogleich eilte, den Englischen Admiral von ihrer
Annäherung zu unterrichten; ein anderer glücklicher Zufall, der zur Rettung der Flotte außeror-
dentlich beytrug. Effingham hatte gerade so viel
Zeit, um aus dem Hafen zu kommen, als er
die Spanische Flotte in vollem Segeln auf sich
zukommen sah, in Gestalt eines halben Mondes
gestellt, und einen Zwischenraum von sieben
Meilen von dem Ende der einen Abtheilung bis
an das der andern einnehmend.

Die damaligen Schriftsteller machen von diesem Schauspiele eine schwulstige Beschreibung,
als von dem Prächtigsten, das je auf dem Ocean
gesehen worden, und das eben so Schrecken als
Bewunderung in den Gemüthern der Zuschauer
erweckte. Die hohen Masten, die schwellenden
Segel, und die sich erhebenden Vordertheile der
Spanischen Kriegsschiffe recht zu mahlen, scheinet nicht wohl möglich, ohne die Farben der
Poesie zu Hülfe zu nehmen, und ein rednerischer
Geschichtschreiber Italiens hat, als eine Nach-
ahmung von Camden, behauptet, daß die Flotte,
ungeachtet alle Segel aufgesetzt waren, sich doch

nur langsam bewegte, als wenn von einem so
ungeheuren Gewicht der Ocean seufzete, und der
Wind ermüdete. Die Wahrheit aber ist, daß die
größten Spanischen Schiffe kaum für Schiffe
vom dritten Range in der jetzigen Englischen
Seemacht gelten würden, und doch waren sie so
übel gestaltet, oder so schlecht regiert, daß sie ganz
unbehülflich waren, und nicht gegen den Wind segeln, noch nach den Umständen wenden, oder in stürmischen Wetter von den Matrosen geleitet werden konnten. Weder die Mechanik der Schiff-
baukunst noch die Erfahrung der Seeleute hatten eine so große Vollkommenheit erreicht, die
zur Sicherheit und zur Leitung so plumper Fahrzeuge hinreichte; und die Engländer, die bereits
erfahren hatten, wie wenig brauchbar sie gewöhnlich seyen, betrachteten ihren schauderhaften Anblick mit Verachtung.

Effingham gab Befehl, mit dem Feinde
nicht zu einem nahen Gefecht zu kommen, worin,
wie er fürchtete, die Größe der Schiffe und die
Zahl der Soldaten den Engländern nachtheilig
werden könnten; sie sollten blos in der Entfer-

nung auf sie feuern, und die Gelegenheit ab,
warten, die ihm der Wind, Ströme oder man,
cherlei Zufälle verschaffen könnten, einige zer,
streuete Schiffe des Feindes aufzufangen. Es
dauerte auch nicht lange, so entsprach der Er,
folg ihrer Erwartung. Ein großes Biscezisches
Schff, an dessen Bord ein beträchtlicher Theil
des Spanischen Geldes war, fing durch einen
Zufall Feuer; und unterdeß alle Hände mit Lö,
schen beschäftigt waren, gerieth es hinter die
Spanische Flotte; das große Kriegsschiff Anda,
lusie wurde durch das Springen seines Mastes
aufgehalten, und beide Schiffe wurden, nach
einigem Widerstande, von Franz Drake genom,
men. Als die Flotte durch den Canal segelte,
setzten die Engländer den hintern Schiffen stark
zu, und thaten ihnen in Scharmützeln Schaden.
Jeder Versuch schwächte das Zutrauen der Spa,
nier und vermehrte den Muth der Engländer,
und die letztern fanden bald, daß selbst in den
nahen Gefechten die Größe der Spanischen
Schiffe ihnen nicht nachtheilig war. Diese setzte
die Schiffe dem Feuer des Feindes nur noch
mehr aus; unterdeß ihre zu hoch gestellten Ka,

nonen über die Köpfe der Engländer wegschoßen.
Da der Lärm nun auch die Küsten von England
erreicht hatte, so eilte der Adel und andere angesehene Particuliers mit ihren Schiffen aus allen Häfen herbey, um den Admiral zu verstärken. Die Grafen von Oxford, Northumberland, und Cumberland, Thomas Cecil, Robert Cecil, Walter Reledgh, Thomas Vava-
sor, Thomas Jerard, Charles Blount mit vielen andern, zeichneten sich durch ihren edlen
und uneigennützigen Dienst für ihr Vaterland
aus. Nach dieser Verstärkung belief sich die Englische Flotte auf hundert und vierzig Segel.

Die Spanische Flotte hatte nun Calais erreicht, in der Erwartung, daß der Herzog von
Parma, der von ihrer Ankunft Nachricht erhalten hatte, in See gehen und seine Macht mit
ihr vereinigen werde. Hier brauchte der Englische Admiral gegen die Spanier eine glückliche
Kriegslist. Er nahm acht seiner kleinen Schiffe,
füllte sie mit brennbaren Materialien, und schickte
sie so, eines nach dem andern, mitten unter den
Feind. Die Spanier glaubten, daß es Brander
von eben der Art seyen, als das Schiff gewe-

sen, das vor kurzem in der Schelde bey Antwerpen großen Schaden angerichtet hatte, sie
kappten sogleich ihre Taue, und nahmen in der
größten Unordnung und Eile die Flucht. Die
Engländer griffen sie am folgenden Morgen, da
sie noch in der Verwirrung waren, an; und
außerdem, daß sie den andern Schiffen großen
Schaden zufügten, nahmen oder vernichteten sie
zwölf der feindlichen Schiffe.

Nunmehr wurde es sichtbar, daß die Absicht,
für welche diese Zurüstung von den Spaniern
gemacht worden, ganz vereitelt sey. Die Schiffe,
welche der Herzog von Parma angeschaft hatte,
waren zum Transport der Soldaten, nicht zum
Gefecht, und dieser General weigerte sich, auf
das Verlangen, den Hafen zu verlassen, schlech-
terdings seine im guten Stande befindliche Armee einer so sichtbaren Gefahr auszusetzen, unterdeß die Engländer nicht blos im Stande waren, sich zur See zu behaupten, sondern selbst
über ihre Feinde zu triumphiren schienen. Der
Spanische Admiral fand in vielen Gefechten,
daß er selbst nur ein kleines englisches Schiff zu
Grunde gerichtet hatte, während er von seiner

eigenen Flotte einen so beträchtlichen Theil verlor; und er sah voraus, daß bey der Fortsetzung
eines so ungleichen Gefechts er die unvermeidli-
che Vernichtung des ganzen Restes befürchten
mußte. Er machte sich also fertig, nach Hause
zurückzukehren; da aber der Wind seiner Fahrt
durch den Canal ungünstig war: so beschloß er
nordwärts zu segeln, und indem er um die Insel fuhr, durch den Ocean die Spanischen Hafen
zu erreichen. Die Englische Flotte folgte ihm
einige Zeit, und wäre ihnen nicht die Ammunition durch die Nachlässigkeit der Officianten, die
sie zu liefern hatten, ausgegangen; so würden sie
die ganze Flotte genöthigt haben, sich unbedingt
zu ergeben. Der Herzog von Medina hatte bereits den Entschluß dazu gefaßt, und wurde nur
noch durch den Rath seines Beichtvaters davon
zurückgehalten. Für die Engländer würde dieser
Schluß des Unternehmens glorreicher gewesen
seyn, aber der Erfolg wurde den Spaniern gleich
nachtheilig. Ein heftiger Sturm überfiel die
Flotte, als sie die Orkneyischen Inseln vorbey-
fuhr; die Schiffe hatten bereits ihre Anker ver-
loren, und waren genöthigt, die See zu halten.

Die Seeleute, die an solche Widerwärtigkeiten nicht gewöhnt, und so plumpe Schiffe zu regieren nicht geschickt waren, gaben der Wuth des Sturms nach, und ließen ihre Schiffe entweder an die westlichen Inseln von Schottland, oder an die Küsten von Irland treiben, wo sie erbärmlich durch Schiffbruch litten. Nicht die Hälfte der Flotte kam nach Spanien zurück, und die Matrosen sowohl als die Soldaten, die übrig blieben, waren durch das Unglück und die Strapazen so mitgenommen, und durch die Niederlage so muthlos gemacht, daß sie ganz Spanien mit Nachrichten von verzweifeltem Muth der Engländer und von der stürmischen Heftigkeit des sie umgebenden Oceans, anfüllten.

Dies war das klägliche und schimpfliche Ende einer Unternehmung, die drey Jahr hindurch vorbereitet war, welche die Einkünfte und Macht Spaniens erschöpft, und die ganz Europa mit Besorgniß oder Erwartung angefüllt hatte. Philipp, der ein Sclav seines Ehrgeizes war, der aber über seine Miene eine große Gewalt hatte, hörte nicht sobald den demüthigenden Ausgang, der alle seine Hofnungen zu Grunde richtete, als er auf feine Kniee fiel, und indem er für die gnädige Fügung der Vorſehung dankte, ſeine Freude ausdrückte, daß das Unglück nicht noch größer war.

Die Spaniſchen Geiſtlichen, welche dieſen Kreuzzug ſo oft geſegnet, und den gewiſſen glück- lichen Erfolg prophezeyet hatten, waren etwas verlegen, den Sieg zu erklären, den über einen catholiſchen Monarchen excommunicirte Ketzer und eine verwünſchte unrechtmäßige Thronbeſitze- rinn erhalten hatten; ſie entdeckten aber am En- de, daß alles Elend der Spanier daher gekom- men war, daß man den ungläubigen Mauren unter ihnen zu leben verſtattet hatte.

VI. Landung der Holländer.

Von den Niederlanden aus wurde zweymal eine Landung unternommen, um den König Jacob vom Throne zu verdrängen. Die erſte mißlang in ihrem Ausgange, die zweyte dagegen glückte völlig.

Die erste unternahm der Herzog von Montmouth, ein natürlicher Sohn des Königs Carl, der als ein Vertriebener und Misvergnügter zuerst bey dem Prinzen von Oranien, und hiernächst in Brüssel lebte. Er vereinigte sich beym Antritt der Regierung Jacobs mit dem Herzoge von Argyle, einen Angriff gegen den König in Schottland zu wagen. Der letztere trat hier an der Spitze von 2500 Mann auf, hatte aber das Schicksal, gegen die Königlichen Truppen zu verlieren und in Gefangenschaft zu gerathen. Der Herzog von Monmouth landete (11. Jun. 1685) in der Grafschaft Dorset, von kaum hundert Anhängern begleitet, fand aber in wenigen Tagen vielen Zulauf, den ihn seine Liebe beym Volke, und der Haß gegen den König verschaften. Gegen ihn nahm jedoch das Parlament Parthey. Anfangs hatte des Herzogs von Montmouth Unternehmen einen so günstigen Fortgang, daß der König nöthig fand, Brittische Truppen, die in Holland standen, nach England kommen zu lassen. Mit diesen wurde die Sache in Kurzem zum Vortheil des Königs entschieden, indem in dem Treffen bey Bridgewater (5. Jul. 1685) der Herzog alles, nebst seiner Freyheit, und bald darauf durch Hinrichtung sein Leben verlor.

Glücklicher fiel die Landung aus, die drey Jahre nachher, in einer gleichen Absicht der Prinz von Oranien unternahm. Nachdem der König von England durch seinen Religionszwang, womit er das Land catholisch machen, und zum Papstthum zurückbringen wollte, die ganze Nation dergestalt wider sich erbittert hatte, daß man allgemein eine Regierungsveränderung wünschte: so war der Prinz von Oranien, der Gemahl der protestantischen Tochter des Königs, der Gegenstand der Hofnungen der Englischen Nation. So lange indeß das Königliche Haus keinen männlichen Erben hatte, und die Ordnung der Thronfolge diese älteste Tochter traf, schien es rathsam, den sehnlichst gewünschten Zeitpunkt der Thronveränderung abzuwarten; als aber Jacob einen Prinzen bekam, wodurch die bisherige Aussicht zur Befreyung von dem Drucke, den die Nation unter ihm erduldete, zu verschwinden anfing: so ergriff der leidende Theil gewaltsame Maaßregeln, um sich die Freyheit der Religion wieder zu verschaffen. Die Großen des Landes

luden den Prinzen von Oranien ein, sich an ihrer Spitze zu stellen, um den Händen des Königs die Regierung zu entreißen, und Wilhelm
nahm die Einladung an. Da die Nation in
der That, bis auf den katholischen aber kleinen
Theil, schon abgefallen war: so durfte er bey
einer Landung keinen gefährlichen Widerstand
befürchten; auch erweckten ihm die übrigen Mächte wegen seines Vaterlandes keine Besorgniß.
Nur Frankreich, das des Prinzen von Oranien
Vergrößerung nicht gern sah, konnte seinen Absichten entgegen zu arbeiten geneigt seyn. Die
protestantischen Mächte, die ihn als ihren Be-
schützer betrachteten, waren dagegen bereit, sein
Unternehmen zu begünstigen.

Ungeachtet Wilhelm seine Zurüstungen zu
verheimlichen suchte: so errieth doch der Französische Hof seine Absichten, und gab dem Könige
von England von derselben Nachricht, und erbot
sich, ihm zur Abwendung der Gefahr Beystand
zu leisten: Allein Jacob, von falschen Vorstel-
lungen irre geleitet, wollte weder der Nachricht,
daß sein Schwiegersohn England anzugreifen
willens sey, Glauben beymessen, noch an dem

Gehorsame und der Ergebenheit der Nation gegen ihn zweifeln. Es schien ihm überdies be-
denklich, Französische Hülfstruppen nach England
kommen zu lassen, weil er befürchtete, das dies
auf die Nation einen übeln Eindruck machen
und daß diese Truppen, wenn sie zu zahlreich
seyen, sich des Landes selbst bemächtigen könnten.
Er schlug daher das Erbieten des Französischen
Hofes aus, mit dem Entschlusse, auf seine eigene Macht, die er für hinreichend hielt, sich zu
verlassen. Er forderte aber die Englischen Truppen, sechs Regimenter, die in Diensten der
vereinigten Staaten standen, zurück, die letz-
teren verweigerten ihm solche, aus dem Grunde, daß sie den Tractaten gemäß, nur im Fall
eines Kriegs oder einer Empörung in England,
dahin zurück zu schicken seyen.

Als Jacob, der noch immer an der Wirk-
lichkeit des Vorhabens seines Schwiegersohns, in
England zu landen, gezweifelt hatte, die Gewiß-
heit davon erhielt: so war er bemüht, durch den
Widerruf der der Nation verhaßten Verfügun-
gen, und durch Wiedereinsetzung der abgedankten
Staatsdiener in ihre Aemter, die Zuneigung der

Nation wieder zu gewinnen. Er erreichte aber
seine Absicht nicht, weil man seine Schritte nicht
als eine Folge befferer Gesinnungen, sondern
als eine Wirkung der Furcht betrachtete. Wie
sehr gegründet diese Vermuthung war, das zeigte sich bald, als sich die Nachricht verbreitete, daß
ein Sturm die Holländische Flotte zerstreut habe.
Denn er nahm sogleich, als er dies hörte, verän-
derte Gesinnung an und wiederrief manche zu
Gunsten der Protestanten gemachte Anordnungen.

Wilhelm ließ vor seiner Landung eine Er-
klärung vorausgehen, worin er die Beschwerden
der Englischen Nation aufzählte mit der Ver-
sicherung, daß er zur Abhelfung derselben nur
zur Wiederherstellung der Religionsfreyheit in England nach diesem Lande gehn. Auf seine Erklä-
rung erfolgte sogleich die Landung. Wilhelm
hatte 14,000 Mann, und eine Flotte von beynahe 500 Schiffen, mit denen er von Helvoet
sluys abging. Anfangs wurde das Vorhaben
durch einen Sturm aufgehalten, und die Flotte
zur Rückkehr genöthigt. Die Landung sollte in
den nördlichen Gegenden von England, an der
Mündung des Humberflusses geschehen. Sie
erfolgte

erfolgte aber, entweder wegen eines veränderten
Entschlusses, oder wegen des widrigen Windes in
den östlichen Gegenden. Nach einer Fahrt von
zwei Tagen landete die Armee zu Torbay (5.
November 1688) ohne einen Widerstand anzu=
treffen. Es gereichte dem Unternehmen zum
Vortheil, daß derselbe Wind, der die Holländische
Flotte nach England brachte, die Englische im
Hafen zu London zurückhielt. Auch bey der
Landung traf der Prinz kein Hinderniß an. Da
man in England nicht wußte, wo sie geschehen
sollte; so konnten die Küsten nicht hinlänglich
durch Truppen gedeckt seyn. Nachtheilig war es
für den König, daß er einen Theil seiner Trup=
pen noch gegen Norden rücken laßen, wodurch
er sich geschwächt hatte.

Inzwischen fand der Prinz nicht gleich die
günstige Aufnahme in England, die er erwartet
hatte. Die Landung war gerade in einer Ge=
gend geschehen, wo der Schauplatz, der durch
den Herzog von Monmuth wenige Jahre zuvor
verursachten Empörung gewesen war. Die dor=
tigen Einwohner, bei denen sich der Eindruck der
über die Rebellen verhängten Strafen noch nicht
verlohren hatte, schienen aus Schüchternheit we=
nig geneigt, sich für den Prinz von Oranien zu
erklären. Er stand zu Exeter, wohin er vorge=
rückt war, zehn Tage, ohne daß sich Mißver=

gnügte zu ihm geschlagen hätten, so daß er fast
an einem guten Erfolge zu zweifeln anfing, und
schon mit dem Gedanken, seine Truppen wieder
einzuschiffen umging, als endlich einige der Großen des Landes zu ihm übergingen. Diesen folgten die übrigen, und bald sah sich der König
fast von allen seinen Anhängern verlassen. Jacob konnte weder auf die Treue seiner Armee
und Flotte, noch auf die Anhänglichkeit seiner
eigenen Familie rechnen. Sie fielen alle nach
einander von ihm ab. Sein Schwiegersohn, der
Prinz von Dännemark und seine eigene Tochter
schlugen sich zu der Holländischen Parthey.

Noch stand indeß der König mit 20,000
Mann bei Salisburg, und war immer noch im
Stande, durch einen entschlossenen Schritt, seinem Gegner zu schaffen zu machen. Da er sich
aber von allen Seiten so sehr verlassen sah, so
machte ihn Muthlosigkeit und Mistrauen unfähig, seine Vortheile zu benutzen; Er zog sich
nach London zurück, zum deutlichen Beweise,
daß er seiner eigenen Sache selbst nicht mehr
traue. Er suchte nun allein noch seine Rettung
in einer Flucht nach Frankreich, die er im Anfange des Decembers 1688 ausführte. Dem
Prinzen von Oranien erleichterte sie die Errei-
chung seiner Absicht, die er auf die Krone von
England hatte.

VII. Landung der Franzosen.

Von Frankreich aus sind die meisten Landungen in England unternommen worden. Beide Reiche geriethen sehr früh in Streitigkeiten, oder wurden häufig zu Eroberungsentwürfen verleitet, welche dergleichen Landungen zur Folge zu haben pflegten. Ohne der Römischen und Normännischen Landungen, die bereits beschrieben sind, weiter zu gedenken, wird hier nur die Rede von denjenigen Landungen seyn, welche die Franzosen selbst, von ihrem Vaterlande aus, unternommen haben.

Die erste Landung versuchte im Anfange des dreizehnten Jahrhunderts der König Philipp, als ihm im Geist des Mittelalters der Pabst das Königreich England, das er selbst als ein Lehn zu behaupten immer vergebens strebte, als ein Eigenthum geschenkt hatte. Philipp machte große Zurüstungen, um dies Reich in Besitz zu nehmen; er befahl allen seinen Vasallen, sich zu Rouen einzufinden, und sammelte in den Häfen der Picardie und Normandie 1700 Schiffe. Auf der andern Seite brachte der König von England, Johann, eine Armee von 60,000 Mann zusammen, mit der er gegen Dover vorrückte. Man war voller Erwartung wegen des Ausgangs einer Expedition, die über das Schicksal Eng-

lands entscheiden sollte; als der Pabst, der den
König von Frankreich blos zum Werkzeug seiner
geheimen Absichten zu benutzen suchte, den König von England, der seiner versammleten großen Macht ungeachtet sich doch wenig auf sie
verlassen konnte, zur Unterwerfung unter den
päbstlichen Stuhl bewog. Dies machte das Vorhaben der Landung rückgängig. (1213) Zwar
suchte der König von Frankreich, durch die hin-
terlistige Politik des Römischen Hofes aufgebracht,
seinen Plan noch immer auszuführen, und fand
auch fast alle seine Vasallen bereit ihn dabey
zu unterstützen. Zu seinem Unglück aber ging
seine ganze Flotte, in einem Angriffe, den die
Engländer auf selbige in den Häfen wagten, ganz
zu Grunde, dreihundert Schiffe nahm der Feind,
hundert vernichtete er, und die übrigen, die eben-
falls in Gefahr waren, in des Feindes Hände
zu fallen, ließ Philipp selbst verbrennen. Nach
diesem Umfalle mußte das Vorhaben der Landung von selbst wegfallen.

Wenige Jahre nachher erhielt der König
von Frankreich eine neue Veranlassung zu einer
feindlichen Landung in England. Die Baronen
des Landes, die sich außer Stande fühlten, ihre
Freiheiten oder Ansprüche gegen den König Johann zu behaupten, wandten sich an Philipp
um Hülfe, mit dem Erbieten, seinen Sohn Lu-

dewig zu ihrem Oberherrn anzunehmen. Diesen Antrag, der dem Ehrgeize des Königs so
willkommen war, nahm er gern an. Nachdem
er zuförderst 7000 Mann nach England geschickt
hatte, ließ er mit seinem Sohne eine große Armee hinüberseßten, die ohne Gegenwehr bei Sand-
wich landete. (1215)

Die Misvergnügten des Landes beförderten
durch ihren Abfall von ihrem Könige die Sache
der Franzosen auffallend, ohne daß die Drohun-
gen des Pabstes, in dessen Schuße Johann stand,
eine günstige Wirkung für den leßtern hervor-
brachte. Ludwig behauptete die Oberhand, und
übte in der That die Königlichen Rechte aus,
wenn er gleich den Namen eines Königs nicht
angenommen hatte. Johann versuchte es noch
einmal, nachdem er alle seine Kräfte aufgeboten
hatte, seinem Gegner die errungenen Vortheile
durch einen entscheidenden Schlag wieder zu entreißen. Allein eine Ueberschwemmung auf der
Straße nach Lincolustrire, die Johann zog,
raubte ihm sein ganzes Gepäcke und Fuhrwerk,
welcher Schlag so sehr auf seine Gesundheit wirk-
te, daß er in eine Krankheit verfiel, woran er
bald starb.

Die Franzosen spielten zwar den Meister in
England; sie waren aber des Besißes ihrer Vortheile nicht gewiß, denn die Engländer verriethen

bald eine Abneigung gegen die Herrschaft dersel=
ben, die durch die auffallende Partheylichkeit
Ludewigs in der Beförderung beider Theile zu
Staatsbedienungen, noch vergrößert wurde. Es
gelang daher dem Grafen von Pembroke, dem
Vormunde des jungen Königs, Heinrichs des
Dritten, um so leichter, die Nation, die ohne=
dies wider die Regierung einer fremden Fami=
lie eingenommen war, für den jungen König zu
gewinnen. Zugleich war das Glück der Waffen
den Engländern günstig genug, daß sie den
Fortschritten der Franzosen Einhalt thun konn=
ten; und als es ihnen gelang, die Flotte dersel=
ben, welche Geld und Verstärkung den Truppen
in England zuführen sollte, zu schlagen: so
setzten sie ihre Feinde bald in die Nothwendig=
keit das Land wieder zu verlassen. (1217)

Unter der Regierung Heinrichs des Sie=
benten wurde auf Betrieb des Herzoglich Bur=
gundischen Hofes, ein Betrüger als Herzog von
York aufgestellt, um auf die Englische Krone
Ansprüche zu behaupten. Er landete zu York
in Irland (1492) wo er eine gute Aufnahme
fand, welches Glück er aber bei seiner Landung
in England nicht hatte; (1495) nur in Corn-
wall erhielt er (1498) einen Zulauf, wurde aber
vom Könige geschlagen, und damit sein ganzer
Plan vereitelt.

Seit der Revolution in England sind die
Franzosen die einzigen gewesen, welche feindliche
Landungen in diesem Lande unternommen haben.
Die Eifersucht und Feindschaft, die zwischen
Frankreich und England herrschten, gaben zu
einer solchen Landung den Franzosen dreymal
Veranlassung, und die Ansprüche des Englischen
Prätendenten jedesmal den Vorwand.

Erste Landung des Prätendenten.

Gleich nach seiner Vertreibung unternahm der
König Jacob (7ten May 1689) unter Vorschub
des Französischen Hofes, eine Landung in Ir=
land, wo die Stärke der ihm ergebenen katholi=
schen Parthey einen glücklichen Erfolg erwarten
ließ, zu einer Zeit, da die neue Regierung in
England noch keine Festigkeit gewonnen, und
Wilhelm noch mit vielen innern Unruhen zu
kämpfen hatte.

Nach einer Fahrt von funfzehn Tagen, die
von Brest aus angefangen war, kam der König
zu Kinsale an; er fand bald im Lande eine
günstige Aufnahme, da sich selbst der Statthal=
ter desselben für ihn erklärte. Seine Armee war
in Kurzem 40000 Mann stark, und hatte keinen
Feind wider sich, da die Protestanten im Lande

entwaffnet waren. Die meisten derselben flohen
aus dem Lande, nur ein Theil suchte sich zu ver=
theidigen, und zog sich bey Londonberg und
Inniskilling zusammen. An beiden Orten ver=
theidigten sie sich auf das Hartnäckigste, bis ih=
nen Wilhelm von England aus zu Hülfe kom=
men konnte. Eine Zeitlang hatte der König ge=
gen die Irländischen Angelegenheiten eine Gleich=
gültigkeit bewiesen, weil es ihm an den sichern
Mitteln zum Beystande der ihm getreuen Ir=
länder fehlte. Noch aber war es möglich, dies
Land zu retten, ob gleich die Gefahr des Ver=
lustes schon vor Augen schwebte. Durch einen
kühnen Entschluß brachte Wilhelm die Sache
bald zur Entscheidung. Er siegte (1 Jul. 1690)
völlig über seinen Gegner, und bewog ihn da=
durch, die Flucht aus dem Lande zu ergreifen.
In Kurzem wurde auch ganz Irland wieder zum
Gehorsam gebracht.

Noch immer aber hatte Jacob die Hoff=
nung, die Englische Krone wieder zu erlangen,
nicht aufgegeben, und es waren seine Anhänger
in England noch allemal bereit; seine Wünsche
durch eine Verschwörung wider den König zu
befördern; auch der Französische Hof bewies
einen größern Eifer ihn bey seinem Vorhaben
zu unterstützen. Es wurde nun der Plan zu
einer Landung in England selbst gemacht. Bei

Chexbourg wurde eine Armee zuſamengezogen,
die aus Irländern, Schottländern und Englän=
dern, ingleichen aus Franzoſen beſtand. Es wa=
ren 300 Transportſchiffe für die Ueberfahrt der=
ſelben beſtimmt, und eine Flotte von 63 Linien=
ſchiffen ſollte die Landung decken.

Der Engliſche Hof erhielt erſt ſpät von dem
Vorhaben, dieſer Landung Nachricht, und hätte
nicht die Witterung ſolche verzögert: ſo hätte die
Franzöſiſche Kriegsmacht leicht ohne Hinderniß
landen können. Man ſtellte dem Feinde, ſo bald
man ſeine Abſichten entdeckte, eine Flotte von
99 Linienſchiffen außer einigen Fregatten und
Brandern entgegen, und mit derſelben vereitelte
man das ganze Vorhaben des Feindes. Die
Engliſche Flotte, unter dem Admiral Russel,
ſuchte die Franzöſiſche, die Tourville komman=
dirte auf, und lieferte ihr, da er ſie bey la Hogue
fand, ein Treffen, das nach einem zehnſtündigen
hartnäckigem Kampfe zum Vortheil der Englän=
der ausfiel. Die Franzoſen verlohren im Tref=
fen 4 Schiffe, drei am folgenden Tage, und
noch 18 andere, welche die Engländer in der
Bey la Hogue in Brand ſteckten. Nach dieſem
Unfalle unterblieb die projektirte Landung gänz=
lich. —

Zweyte Landung des Prätendenten.

Erst nach dem Abgange des regierenden Hauses, machte der Prätendent seine Ansprüche auf England wieder rege. Er fand aber nicht gleich die Umstände zur Unterstützung derselben günstig; daher er anfangs nur durch Proclamationen auf die Englische Nation zu wirken suchte. Inzwischen bildeten sich in England gleich im Anfange der Regierung des Hannöverischen Hauses Partheyen, welche Unruhen veranlaßten, die den Absichten des Prätendenten vortheilhaft waren.

Die Anhänger des Prätendenten erregten (1715) einen förmlichen Aufruhr. Der Graf von Max, der seine eigenen Unterthanen, 300 an der Zahl, um sich versammlet hatte, rief den Prätendenten zu Castletown zum König aus. Zu seiner Unterstützung erhielt er in zwey Schiffen Kriegsbedürfnisse aus Frankreich zugeführt, wodurch er in den Stand gesetzt wurde, ein Heer von 10000 Mann zu bilden. Allein bey Damblaine, wo ihm die Königlichen Truppen unter dem Herzoge von Argyle entgegen zogen, fand er einen Widerstand, der seine bisherigen Fortschritte aufhielt; und ungeachtet auch in England zu Gunsten des Prätendenten eine Empörung ausbrach, so nützte ihm doch solche nicht, da die Aufrührer bald in Preston gefan-

gen genommen wurden. Demohngeachtet be=
schloß der Prätendent noch selbst nach Schott=
land zu gehen. Von Dünkirchen aus kam er
auf einem kleinen Schiffe nach einer Fahrt von
wenig Tagen, mit einem Gefolge von sechs Edel=
leuten, an der Schottländischen Küste an (22ten
Decemb. 1715). Zu Feterosse, wo ihn der
Graf von Max empfing, wurde er feierlich zum
König ausgerufen; und er fing an, als solcher
Befehle zu ertheilen. Da aber seine Parthey
durch seine Gegenwart nicht wieder aufgeholfen
wurde, und es ihm an allem fehlte: so ging er
in Kurzem nach Frankreich zurück. Seine Trup=
pen nahmen hierauf einen Rückweg und gingen
auseinander.

Dritte Landung des Prätendenten.

Den letzten Versuch einer Landung in England
machte (im Jahr 1744) des Prätendenten Sohn
mit Französischer Hülfe, als Frankreich in dem
Oesterreichischen Successionskriege eine Diversion
gegen England, den Bundsgenossen Oesterreichs
zu machen wünschte. Zu dem Unternehmen wa=
ren 15000 Mann bestimmt, die von Dünkirchen
aus, unter einer Bedeckung von 20 Linienschif=
fen, nach England übergesetzt und dort von dem

Marschall von Sachsen angeführt werden sollten. Allein das ganze Vorhaben wurde durch
eine überlegene Englische Flotte, die der Französischen entgegen ging, vereitelt. Denn die letztere
mußte sich von der erstern zurückziehen; über dies
beschädigte ein ungestühmer Wind ihre Fracht-
schiffe, wodurch die Franzosen außer Stand gesetzt wurden, den Entwurf einer plötzlichen Landung auszuführen.

Demohngeachtet wagte es der Prätendent
im folgenden Jahre (1745); sich nach Schottland einzuschiffen, um dort, in der Absicht, die
Englische Krone zu erlangen, eine Rebellion zu
bewürken. Er kam auf einer kleinen Fregatte,
an der Küste von Schottland bey Lochaler an,
nachdem das ihn zur Bedeckung mitgegebene
Schiff durch ein Englisches Kriegsschiff nach Brest
zurückzugehen genöthigt worden. Verschiedene
Stämme der Bergschotten schlugen sich zu ihm,
so daß er bald 1500 Mann um sich versammlet
sah. So gering seine Macht im Anfange war:
so gefährlich schien sie doch zu werden. Ohne
Hinderniß nahm der Sohn des Prätendenten
Besitz von Edinburg, und da es ihm so gar
glückte, die Englischen Truppen unter dem General Cope zu schlagen: so faßte er den Entschluß, selbst in England einzudringen, in der Erwartung, daß sich viele Mißvergnügte zu ihm

schlagen, auch daß Französische Truppen, die an der südlichen Küste landen sollten, eine Diversion machen würden. In der ersteren Voraussetzung irrete er sich nicht ganz; indem mehrere Engländer auf seine Seite traten. Unter diesen günstigen Umständen drang er über Manchester bis Derby und war der Hauptstadt des Königreichs bereits so nahe, daß die Sicherheit derselben durch einen kühnen Schritt leicht einer Gefahr ausgesetzt werden konnte. In London herrschte eine große Bestürzung; das Volk stand zur Vertheidigung in Masse auf, und der König stellte sich an die Spitze der Truppen. Ohne aber den Widerstand der Englischen Truppen zu empfinden, zog sich der Pätendenten Sohn nach Schottland zurück, weil in seinem Heere große Uneinigkeit unter den Häuptern der Bergschotten herrschte. In Schottland wurde er wieder mit neuen Haufen, die zu ihm stießen, verstärkt, und über die dortigen Englischen Truppen neue Vortheile erfochten.

Nach diesen bisherigen günstigen Ereignissen wandte ihm das Glück den Rücken. An den Ufern des Spey Flusses kam es zu einem entscheidenden Treffen (16. April 1746) das er ganz verlor. Sein ganzes Ansehen sank damit hin, und er mußte in der Verborgenheit, unter den größten Gefahren und im harten Elende, das ein halbes Jahr dauerte, seine Rettung suchen, bis ein Freykäufer aus St. Malo ihn aufnahm, und nach Frankreich zurückbrachte.

In der Geschichte der Französischen Landungen wird keine merkwürdiger seyn, als die jetzt projectirte, wenn sie zur Ausführung kommen sollte; sie wird selbst in der Weltgeschichte Epoche machen, wenn den Unternehmern ihre Absicht gelingen sollte. Wichtig wird sie, man mag auf den Zweck sehen, den dabei die Unternehmer vor Augen haben; oder auf die Folgen, die sich bey dem Ausgange derselben erwarten lassen, oder auf die großen Anstrengungen und Mittel, womit sich beyde Theile zum Kampfe bereiten.

Die meisten der ausgezeichneten Landungen in England hatten die Eroberung desselben zum Zweck, und waren mehr gegen die regierende Familie, als gegen die Nation gerichtet. Es fand daher weder eine Landung, die auf die Verdrängung eines Regenten abzweckte, große Hindernisse, noch hatte sie in ihrem glücklichen Ausgange ungewöhnliche Folgen. Indem blos die Person, welche die Regierung führte, nicht die Landesverfassung selbst, verändert wurde: so behielt England seinen bisherigen Wohlstand, seine Gesetze und seinen Einfluß, wenn es gleich die Eroberung eines auswärtigen Feindes geworden war. Verschieden in diesem Betracht ist von den bis-

herigen die jetzt projectirte Landung der Franzosen dadurch, daß sie, nicht sowohl auf die Vertreibung des Königs zu Gunsten eines Prätendenten, auch nicht zunächst auf Eroberung aus
dem Grunde vorhandener Ansprüche, als vielmehr, wie sich aus den bekannten Umständen
schließen läßt, auf die Schwächung der Seemacht,
und auf die Schmälerung des Handels und des
Wohlstandes von England, imgleichen auf eine
politische Reform der Regierungsverfassung ab-
zweckt, ein Ziel von einem so großen Umfange,
und einem so wichtigen National-Interesse, als
sich noch niemals die Unternehmer einer Landung
in England vorgesteckt haben. Sollte daher das
Vorhaben gelingen: so müßten die Folgen der
Landung alle vorigen an Wichtigkeit bey weitem
übertreffen. Wenn man sich der Vorstellung
überlassen darf, daß mit dem Siege der Franzosen England in ein ähnliches Verhältniß gegen
Frankreich, als die Niederlande, Helvetien und
Italien, kommen, daß es auf gleiche Weise seine
wahre Selbstständigkeit verlieren, und mit dem
Schein einer freyen Republik ein Nebenland von
Frankreich werden, daß es seine Reichthümer,
seinen Nahrungsflor, seine innere Ruhe, seinen
Credit, seine Seemacht und sein ganzes Ansehn,
gleich diesen neuerschaffenen Republiken zum großen Theil verliehren werde: so läßt es sich leicht

berechnen, daß der glückliche Erfolg der Französischen Landung in England für Europa und für
alle übrige Welttheile von den wichtigsten Folgen
seyn müßte. Da England in allen Welttheilen
Besitzungen hat, und durch seinen Handel und
Credit nach allen Punkten der Erde wirkt: so
wird die Erschütterung, die es durch den Sieg
der Franzosen erfahren sollte, allenthalben gefühlt
werden. Alle Hofnungen der Auswärtigen, die
auf Englands Flor gebauet sind, werden verschwinden, alle Verbindungen und Geschäfte mit
diesem Lande werden bey dem Falle des Englischen Handels abnehmen oder ganz aufhören,
und es werden sich neue Verhältnisse bilden, und
neue Aussichten für die unter der Concurrenz
mit England leidende Landes-Industrie sich er-
öfnen. Auch wird das außerordentliche Mono-
pol, das England in dem ost- und westindischen
Handel an sich gerissen, entweder aufhören, oder
auch gar den Franzosen zu Theil werden. In
politischer Hinsicht wird der gute Erfolg der Landung nicht weniger bedeutend seyn. England
wird nach der befürchteten Catastrophe aus der
Reihe der Staaten, die sich der Uebermacht
Frankreichs bisher entgegen setzten, herausgeris-
sen, und selbst eine Verstärkung von Frankreich
gegen dessen Feinde werden. Diesen letztern wird
dadurch zugleich die wichtige Hülfsquelle versie-
gen,

gen, die sie bisher zur Zeit des Kriegs in den
Englischen Subsidien fanden, um ihre eigene
Kriegsmacht recht wirksam zu machen. In jeder
Hinsicht wird das politische Gleichgewicht der Eu=
ropäischen Staaten verschwinden, indem Frank=
reich, mit der Hülfe seiner politischen Reforma=
tion, eine Classe von Republiken schaft, die stark
durch Ländergröße und innere Hülfsquellen, und
verbunden durch vortheilhafte Lage und einen ge=
wissen esprit de corps, ein auffallendes Ueber,
gewicht über die übrigen Mächte in Europa er=
langen möchte. Was in der alten Welt Rom
war, das wird in der neuern, Paris, der Mit=
telpunkt der Weltherrschaft, die unter dem Na=
men der Bundesverwandschaft geführet wird.
Kurz, das ganze alte politische System von
Europa muß dem neuen, das Frankreich durch
seine Staats=Reformation geschaffen, (und be=
reits zu einem bedeutenden Ansehn erhoben
hat, völlig weichen, sobald es der Französischen
Republik gelingt, durch eine glückliche Landung
England von sich in eine gleiche Abhängigkeit zu
bringen, als Holland, die Schweiz und Italien.

Unter allen Landungen, die in England ver=
sucht wurden, war keine, die der jetzt projectirten
Französischen an Wichtigkeit des gefaßten Zwecks
und der erwarteten Folgen gleich kam; aber sehr
ähnlich war ihr in diesem Betracht die Landung,

G

welche die Spanier im sechzehnten Jahrhundert
versuchten. Auch diese Landung hatte einen
weitaussehenden Plan, der auf die Schwächung
der Englischen Macht, auf die Gründung einer
Oberherrschaft in England, und auf den Umsturz
des von den Protestanten neu gebildeten Systems,
in Europa abzielten. Allein der erste Zweck konnte, bey der noch eingeschränkten Macht Englands
und bey der sichtbaren Ueberlegenheit Spaniens,
kein solches Hauptziel bey der damaligen Unternehmung seyn, als bey der jetzigen, wo die schwä-
chern Seemächte, durch Vereinigung der Ueberlegenheit Englands entgegen zu arbeiten suchen.
In Ansehung des neuen Staatensystems, das
die Protestanten hervorgebracht hatten, suchte
der König von Spanien dessen Untergrabung;
dahingegen die Französische Republik die alte
Staaten-Ordnung in Europa einzureißen, und
das durch eine politische Reformation geschaffene
System weiter zu verbreiten, beschäftigt ist.
Ob es den Franzosen gelingen werde, die
große Revolution, die sie bey ihrer Landung in-
tendiren, zu Stande zu bringen, darüber läßt
sich, nach den Erfahrungen, die man bey den
bisherigen Landungen gemacht hat, kein Urtheil,
weder für eine Wahrscheinlichkeit oder Unwahr-
scheinlichkeit des Gelingens fassen. Denn wenn
gleich die meisten der bisherigen Landungen einen

günstigen Erfolg gehabt haben: so läßt sich doch daraus noch nicht für eine Wahrscheinlichkeit, daß auch die projectirte Französische gelingen werde, ein Schluß ziehen. Die Umstände bey der letztern und bey den ältern Landungen sind so sehr verschieden, daß man sich einen Schluß von den frühern Landungen auf die vorhabende in Ansehung des Erfolgs nicht erlauben darf. Die Landungen in den ältern Zeiten fanden zur See, wegen Abgang einer Englischen Seemacht, keinen Widerstand; Römer, Sachsen und lange auch die Dänen, kamen an die Englischen Küsten ohne alles Hinderniß. Und unter den spätern Landungen, die in Zeiten geschahen, da England bereits zur See mächtig war, geschahen manche mit einzelnen Schiffen, die sich durchschlichen. Nur wenige von ihnen wurden mit einer großen Flotte, die der Englischen die Spitze bieten sollte, unternommen. Unter diese ist die Landung der Spanier, der Holländer, und drey der Franzosen unter dem Könige Philipp, Ludwig dem XIV. und XV. zu rechnen. Von allen diesen Landungen ist außer der Holländischen, die bey der Abwesenheit der Englischen Flotte ohne Gegenwehr geschah, nicht eine einzige gelungen; sie sind altheils durch Sturm; theils durch den Widerstand der Englischen Flotte vereitelt. Bey den drey Landungen, welche die Franzosen durch

G 2

Kriegsschiffe zu unterstützen suchten, hatte die
Englische Seemacht eine größere Stärke; bey
der Spanischen Inversion hingegen aber die
Flotte der Spanier. Noch liefert die Geschichte
kein Beyspiel, daß eine Landung dem Feinde an=
ders als bey dem Mangel oder der Abwesenheit
der Englischen Flotte; noch nie hat sich derselbe
durch einen Sieg zur! See über die Engländer
den Weg nach England gebahnt.

Nach dieser Erfahrung dürfte es in der ge=
genwärtigen Lage der Dinge, wenig wahrschein=
lich seyn, daß; die feindliche Flotte gegen den
Widerstand der Englischen, bis an die Küsten
von England kommen werde, zumal, da die
Englische Seemacht gegenwärtig größer als je=
mals ist, und eben so wohl durch ausgezeichnete
Siege über die Flotten der Spanier und Hol=
länder, die an dem Unternehmen der Franzosen
Theil nehmen, als durch die Blokade der feind=
lichen Häfen bereits eine Ueberlegenheit behaup=
tet hat. Ist aber gleich die Seemacht Englands
in einem glänzenden Zustande, so bilden doch die
vereinigten Flotten der Spanier, Holländer und
Franzosen eine nicht minder furchtbare Seemacht
und da das Spiel des Kriegsglücks und der Zu=
fall der Witterung einen so großen Einfluß auf
den Erfolg einer Landung haben: so wird es in
dieser Hinsicht noch nicht gleich unwahrscheinlich,

daß es den Feinden Englands gelingen werde,
in einem Siege über die Englische Flotte die
Landung auszuführen, außerdem aber bleibt ihnen
noch die Aufsicht, die Landung bey einer Entfernung der Englischen Flotte zu Stande zu bringen.   Solchergestalt kam der Prinz Wilhelm
von Oranien nach England, und die Franzosen
in diesem Kriege unter dem General Hoche an
die Küsten von Irland.

Nicht so leicht als die Ueberfahrt nach England kann der Rückzug aus demselben seyn, wenn
die Englische Flotte solchen abzuschneiden sucht.
Er läßt sich nicht so gut verheimlichen, auch nicht
nach Willkühr auf eine gelegene Zeit verschieben,
und kann daher leicht die größte Velegenheit verursachen.   Da es der Englischen Seemacht schon
immer geglückt ist, die Absicht der Landung, die
durch Kriegsschiffe unterstützt wurden, zu vereiteln; so hat man noch kein Beyspiel von dem
Schicksale eines in England gelandeten Feindes,
der eine Englische Flott, die ihm den Rückzug
abschneiden können, hinter sich halte.   Als der
Prinz Wilhelm von Oranien gelandet war, so
würde ein solcher Fall haben eintreten können,
wenn nicht die Engl. Flotte selbst des Prinzen Parthey ergriffen hätte.   Wär es aber auch nicht die
Gefahr des Rückzuges, die ein gelandeter,
Feind zu befürchten hätte: so hätte er doch die

größten Schwierigkeiten zu besorgen, wenn er behufs neuer nachzuschickender Verstärkung an Mannschaft, Ammunition und Lebensmitteln die Communication zwischen England und seinem eigenen Lande, zu unterhalten genöthigt wurde.

Zu den verschiedenen Landungen sind mehrere Puncte gewählt worden; nicht blos in England, sondern auch in Schottland und Irland hat man solche versucht; wie es scheint, mehr in Hinsicht auf die Gesinnung der Parthey an dem Landungsorte, als in Hinsicht auf die Lage des Landes, und auf einen Plan, der die Eroberung erleichterte oder sicherte. Die Angriffe, die mit einer ansehnlichen Macht unternommen wurden, geschahen immer auf England selbst; nur die schwachen Expeditionen des Englischen Prätendenten wurden an den Küsten von Irland oder Schottland versucht, wo der wenigste Widerstand zu befürchten und zugleich die gütigste Aufnahme bey den Landeseinwohnern zu hoffen war. Für eine schwächere Macht, die England angreifen will, scheinet eine solche Landung an andern Punkten als in England selbst, wenn gleich langsamer, doch sicherer zum Zweck zu führen. Dieser Maxime entspricht auch der muthmaßliche Entwurf einer Landung, welche die Franzosen zuförderst auf den Inseln Yersey und Guerasey versuchen wollen.

Die Landung des Feindes ist zwar mehr=
mals durch eine Flotte, aber immer von den
Englischen Küsten aus verhindert worden. So
oft derselbe die Küsten erreichte, stieg er auch ru=
hig an das Land, da er immer solche Plätze ge=
troffen hatte, wo es keine Gegenwehr gab. Auch
haben die gelandeten Feinde im Landkriege ge=
meiniglich die Oberhand erhalten. Nur die klei=
nern Unternehmungen des Herzogs von Montmouth und des Englischen Prätendenten von
Frankreich aus, wenn sie gleich im Anfange einen
guten Erfolg zeigten, mißglückten doch zuletzt. Da=
hingegen sind, außer der Römischen, Deutschen und
Dänischen Landungen, die großen Expeditionen des
Herzogs Wilhelm von der Normandie aus, und
des Prinzen von Oranien von Holland aus, glück=
lich ausgefallen. Der letztere, der auf die Einla=
dung der Engländer zu ihnen kam, um sich der
Regierung zu bemächtigen, fand an dem Könige
von England keinen gefährlichen Gegner, und
konnte daher sein Vorhaben ohne große Gefahr
und Hindernisse ausführen. Nicht so vortheilhaft
zeigten sich die Umstände für den Herzog von
der Normandie. Wilhelm II. mußte erst einen
hartnäckigen und gefährlichen Kampf mit dem
Könige von England bestehen, ohne dabey auf
einen Anhang in der Englischen Nation für sich
rechnen zu können. Dem Vorhaben der Fran=
zosen bey ihrer jetzigen Landung stehen nicht we=
niger große Hindernisse auf dem Lande entge=
gen. Es wird ihnen bey der Bedeckung, welche
die Englische Regierung den Küsten gibt, nicht
allein das Landen selbst sondern auch der Fort=
gang auf dem Lande durch die Nationaltruppen
mehr als einem der ältern Feinde erschwert werden,
nachdem auf die schon lange verbreitete Nach=
richt von der Französischen Landung alle Arten
von Vorkehrungen gegen den Feind zubereitet
worden. England befindet sich auf eine ähnliche
Weise gefaßt und gerüstet als unter der Königin

Elisabeth, als man die Spanische Invasion erwartete. Nur darin scheint die gegenwärtige Lage
nicht so günstig für England zu seyn, daß der
Gemeingeist für die Vertheidigung des Vaterlandes nicht eben so allgemein ist, als er sich damals zeigte. Die Spanier konnten nur auf die
Zuneigung der Catholiken in England rechnen,
diese aber waren einsichtsvoll genug, um mehr
den Eingebungen des Patriotismus als der Bigotterie und Partheisucht zu folgen. Gegenwärtig wirkt zwar nicht einmal die von den Feinden
Englands immer gereizte catholische Religionsparthey auf eine aufstehende Weise; vielmehr erscheinen die Franzosen, als Wiedersetzer der Römischen Hierarchie, dieser Parthey wenig er-
wünscht. Dahingegen hat sich durch die politische
Reformation der Franzosen eine neue ihren Absichten günstige Parthey gebildet, die zwar durch
die strenge Aufsicht der Regierung noch immer
in Ordnung gehalten werden, die aber, wenn
sie unter dem Schutze der Franzosen ihr Haupt
zu erheben im Stande seyn sollte, vielleicht in
einer furchtbaren Gestalt erscheinen, und mit
dem Ideal der Freiheit und Gleichheit durch den
Beystand der ungleich zahlreichern niedern Volks-
klassen die Revolution von ganz England zu
Stande bringen möchte.